„Für die kleine Nähpause"

Geschichten und Reime,

rund um das Hobby Nähen.

Andreas Tonder

2013

„Herstellung und Verlag: BoD – Books on Demand, Norderstedt"

Fotografien: Andreas Tonder

Zeichnungen: Lukas Benjamin Tonder

Bibliografische Informationen der Deutschen Nationalbibliothek

ISBN: 9783732283910

Inhaltsangabe

Intro

Es war ganz plötzlich in der Nacht,

dass es mich auf die Idee gebracht.

Der erste Vers kam von allein,

musste sofort in dieses Buch hinein.

So schreib ich nun von Lust und Leid,

das mich beim Patchen vorwärts treibt.

Versuch es, so in Worte zu fassen,

wie Stoffe zu einander passen.

Wie gut es mir gelungen ist,

entscheidest du, wenn du es liest.

Das Patchworkvirus

Erreger: das Stichelvirus oder auch Virus chronicus
patchicus genannt

Seinen Namen hat es aus unterschiedlichen Gründen
erhalten.

1. *Die vermutete Form des Virus:*

Das Patchworkvirus erinnert an die Form einer Nadel,
vorne spitz, länglich geformt, am Ende verdickt sich das
Virus. Von einem Nadelöhr ähnlichen Punkt, am
verdickten Ende des Virus, geht der Schwanz in zwei Teilen
ab und vermittelt den Eindruck eines am längeren Ende
geknoteten Fadens. Hiermit setzt es sich vermutlich
letztendlich fest. Aufgrund seiner spitzen, länglichen und
unscheinbaren Form, bahnt es sich bei jedem, der
empfänglich dafür ist, seinen Weg und setzt sich chronisch
fest. Alle bisherigen Versuche, dieses Virus zu eliminieren,
sind gescheitert. Die Wissenschaft stößt an ihre Grenzen
und steht vor einem unverständlichen, nicht lösbaren
Phänomen und Problem.

Daher wurde dieses Virus als äußerst gefährlich und
multiresistent (es gibt bisher keine geeignete
Behandlungsmöglichkeit) eingestuft.

Abbildung 1:

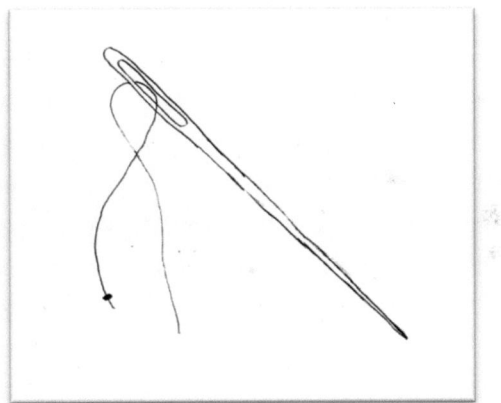

2. Verbreitung, Inkubationszeit (die Zeit von der Ansteckung bis zum Ausbruch der Erkrankung) und Klinik:

Dieses Virus befällt in 98% der Fälle Frauen. Auch hier hat die Wissenschaft trotz aller Erhebungen noch keine nachvollziehbare Erklärung gefunden. Gespräche mit betroffenen Frauen und auch den wenigen betroffenen Männern, lassen nur erahnen, dass eine irgendwie geartete Prädisposition (vorhandene Bereitschaft), für den Befall vorgelegen hat. Viele Infizierte berichten, dass sie kurz vor der Infektion Kontakt zu bereits Infizierten hatten. Dies lässt darauf schließen, dass das Virus hauptsächlich durch engen Kontakt mit Betroffenen übertragen wird. Aber auch diese Vermutung konnte nicht bestätigt werden. Neuinfizierte berichteten auch von Ansteckung mit dem Virus durch den bloßen Anblick von Patchworkarbeiten , es reichte mitunter sogar eine Abbildung in einer Zeitung oder aber das Berühren einer von einer Infizierten erstellten Arbeit. Somit steht ab sofort die Vermutung im Vordergrund, dass nicht nur der Kontakt mit Betroffenen Auslöser der Infektion ist. Nein, dieses Virus liegt anscheinend immer und überall in der Luft.

Vorsicht:

Einmal im Jahr treffen sich sehr viele Süchtige, in extra dafür ausgesuchten Städten und Räumlichkeiten, um ihre Sucht in Gemeinschaft auszuleben und zu befriedigen. Die Bewohner der betroffenen Stadt werden frühzeitig über Zeitungen und Flyer auf die drohende Gefahr hingewiesen. So wird ihnen die Möglichkeit gegeben, sich selbst zu evakuieren.

Dieses Virus stellt somit eine massive potenzielle Gefahr für die Volksgesundheit da. Die WHO hat sich zu diesem Thema noch nicht geäußert.

Ihre Experten streiten sich noch um die bisher erhobenen Ergebnisse.

2.   *Verlauf und Remissionen:*

Das Patchworkvirus führt zu einer chronischen, lebenslangen Infektion. Ist es einmal aktiv geworden, hören die infizierten für lange Zeit nicht mehr auf Nadel, Faden und Stoff beiseite zu legen. Es wurde vereinzelt auch von Remissionen (Zeiten in denen die Erkrankung rückläufig oder ohne Symptome verläuft) berichtet, in denen sich die Erkrankten für eine Zeit von Nadel, Faden und Stoff lösen konnten, aber nach einiger Zeit doch wieder der Sucht verfallen sind.

Es ist mir ein einziger Fall bekannt, in dem eine Person nicht infiziert wurde, obwohl sie einem Übermaß an Infektionsquellen ausgesetzt war.

Eine genauere Untersuchung wurde von dieser Person nicht gestattet. Somit konnten auch keine relevanten Daten erhoben werden. Es scheint aber eindeutig so zu sein, dass die betreffende Person generell gegen alle handarbeitstechnischen Infektionen geschützt ist. Somit kann weiterhin festgestellt werden, eine nicht erfolgte Infektion schützt nicht dauerhaft und ist nicht vorschnell zu verwechseln mit lebenslanger Resistenz.
Die Betroffenen leiden bei Entzug, unter anderem an: chronischer Suche nach Stoffdealern, selbst im Urlaub, außergewöhnlich intensive Beschäftigung mit vielen anderen Tätigkeiten (Hyperaktivität / Ersatzbefriedigung), halluzinatorische Quiltmusterwahrnehmung, unter Umständen sogar an Hauswänden. Dadurch werden sie zu einem echten Stressfaktor für Ihr persönliches und soziales Umfeld.
Die einzige positive Meldung die hier bekannt gegeben werden kann: Es ist mir bisher noch kein Fall bekannt geworden, in dem eine befallene Person in den finanziellen Ruin getrieben wurde.

Abbildung 2:

2. Woran ist eine erkrankte Person zu erkennen:

Der Wohnraum und das nahe soziale Umfeld sind
ebenfalls betroffen, und somit ist die Erkrankung sehr
leicht zu erkennen. Überall im Wohnraum finden sich
Produkte ihrer, aus der Infektion entstandenen, Sucht.
Die Infizierten belegen mitunter ein ganzes Zimmer mit
den Dingen, die sie für ihre Sucht benötigen. Die
Erkrankten sind sehr erfinderisch bei der Suche nach
Unterbringungsmöglichkeiten von Stoff (Wäsche wird
anders aufgefalten, Regale werden enger gepackt,
Hauptsache sie bekommen Platz für Stoffe und Quilts).

3. Fazit:

Trotz aller politischen Bemühungen, wird die Gefahr in der
Öffentlichkeit noch nicht frei ausgesprochen. Eine
Gesetzeseingabe, die den Dealern dieser Süchtigen, den
Verkauf ihrer Suchtmittel verbieten sollte, wurde gar nicht
erst in Erwägung gezogen. Man befürchtete
Protestmärsche der „Erkrankten" mit selbstgenähten
Bannern.
Wir stehen somit einer sich schnell verbreitenden, süchtig
machenden, therapieresistenten (es gibt keine bekannte
Behandlungsmöglichkeit,

alle bisherigen Behandlungsversuche sind gescheitert) Gefahr gegenüber. Wir wissen, nicht wie sie sich davor schützen können. Wir bleiben aber für sie am Ball.

Bis dahin fröhliches Sticheln.

Mit quiltigen Grüßen,

euer „selbst – süchtiger" Autor

Nähwahn(a)

Die Geschichte beginnt mit der Feststellung von
Martins Kindern, Lena und Lars, nachdem sie aus dem
Urlaub zurückgekehrt sind, dass sie jeder ein Paket
erhalten haben. In diesen Paketen befinden sich
Bücher, Garne, Stickgarne und vor allem Stoffe. Die
Pakete sind ein Dankeschön und eine Anerkennung
dafür, dass sie extra für Wettbewerb und Ausstellung
einen Quilt gefertigt haben. Es ist Samstag, 15.00 Uhr.
Das Paket ist offen und die Gesichter von Lena und Lars
zeugen von deutlicher Entschlossenheit. Somit hat
Martin bereits verloren und sein „Urteil" ist bereits
gesprochen und wird auch alsbald vollstreckt werden.
„Papa! Wir wollen zu deinem Stoffhändler! Wir
brauchen Bei- und Rückstoff!" sind sich Lena und Lars
im Chor einig. „ Heute geht das nicht mehr. Das
Geschäft hat bereits geschlossen," versucht Martin die
Situation zu entschärfen. „ „Aber Montag hat es wieder
auf. Dann fahren wir früh morgens dorthin. Wir haben
schließlich noch Ferien und du hast auch noch frei,"
meint Lars mit fester Stimme und Lena nickt
zustimmend mit dem Kopf.

Am Montagmorgen also fahren sie los. Da Lena und
Lars schon früh aufgestanden sind, ist es erst 9.30 Uhr,
als sie bereits mit Martin unterwegs sind.

Seine Frau Michaela ist damit nicht unzufrieden, denn so hat sie etwas Ruhe für sich und für die Wäsche, die nach dem Urlaub gewaschen werden will. Die Drei sind gerade beim Stoffgeschäft angekommen, da stürmen Lena und Lars auch schon los. Martin zeigt derweil den Stoff vor, den sie mitgebracht haben. Die Kinder versinken sofort in der Patchwork Abteilung. Martin zieht sich zunächst mit einem Kaffee in die gemütlich eingerichtete Ruhe-Ecke oder eher Näh-Ecke zurück. Hier findet sich vieles, was man aus Stoff arbeiten kann: Polster für die Bank, Kissen, Gardinen, Tischdecken und noch einiges mehr. Zum Glück braucht Martin Lena und Lars bei der Stoffauswahl nicht behilflich zu sein, denkt er so bei sich. Das schaffen die beiden schon ganz alleine. Nur zum Abschluss wünschen sich die beiden sein Urteil. Martin stellt seinen Kaffee auf den Tisch. Er ist noch etwas müde. Martin schaut nach oben. Dort dreht sich ein dreidimensionales Etwas, dass er nicht näher definieren kann. Er bemüht sich aber, dieses Etwas zu fixieren .Doch es bewegt sich.

Unbemerkt schließen sich Martins Augen. Daraufhin verfällt er in einen Tagtraum.

Ohne zu verstehen warum, befindet Martin sich plötzlich in einem hellen Raum. Martin wird freundlich von einer älteren Dame in dunklem Kleid mit weißen Rüschen empfangen.

„Herzlich willkommen im „Nähwahna". Hier gehen alle ihre Wünsche in Erfüllung, " erklärt ihm die Dame mit sanfter, ruhiger Stimme. „Kommen sie doch bitte mit mir zusammen herüber zu ihrem Schneidetisch. Dort finden sie auch eine Anleitung, wie sie sich im „Nähwahna" jeden Wunsch erfüllen können." Die Dame verschwindet im Nichts und Martin steht nun vor seinem Schneidetisch.

Links neben der Schneidematte findet Martin ein laminiertes Din A4 Blatt, mit der Aufschrift: Ich führe sie liebend gern durchs „Nähwahna", wenn sie es wünschen.

Punkt 1:

Haben sie das Gefühl, zu wenig Zeit zu haben, um alle ihre Projekte verwirklichen zu können?

Dann schließen sie die Augen und wünschen sie sich so viele Leben, wie sie zur Umsetzung ihrer Projekte benötigen.

Martin hält das zunächst für Unsinn, aber er folgt der Anweisung. Mal überlegen. Da sind die Platzdeckchen, die ich noch nicht geschafft habe. Der Lone Star und der Baltimore ebenfalls.

Ach ja und den Sampler aus Sternmotiven wollte ich auch schon seit längerer Zeit gequiltet haben

Martin öffnet die Augen und ist vollkommen erstaunt, was er dann sieht. Er kann sich viermal selbst bei der Arbeit zusehen. Die anderen Martins winken ihm fröhlich zu. Außerdem kann er genau das empfinden, was die vier anderen Martin auch grade empfinden. Der Erste arbeitet Platzdeckchen. Der zweite Martin arbeitet an einem Lone Star. Der Dritte beschäftigt sich mit einem Baltimore Quilt und der vierte Martin sitzt an einem Quilttisch und quiltet den Samplerquilt.

Martin liest weiter.

Punkt 2:

Fehlt ihnen der Stoff, den sie sich wünschen?

Schließen sie die Augen und stellen sie sich den gewünschten Stoff vor. Der Stoff wird sofort vor ihnen liegen.

Martin macht die Probe aufs Exempel. Er denkt an einen Stoff aus den 70er Jahren. Grün, orange, braun, ineinander laufende Trichter. Er öffnet die Augen und tatsächlich, der gewünschte Stoff liegt vor ihm. Da er diesen Stoff nicht wirklich möchte, wünscht er den Stoff wieder fort. Sofort ist der Stoff wieder verschwunden.

Stattdessen möchte Martin einen Tischläufer bestehend aus Freundschaftssternen arbeiten. Er denkt an die gewünschten Stoffe und als er die Augen wieder öffnet, liegen sie vor ihm. Martin schaut sich nach einem Lineal, Cutter und Nähmaschine um. Da fällt ihm die Anleitung für das „Nähwahna" wieder ein und er liest weiter.

Punkt 3:

Ihnen fehlt das benötigte Arbeitsmaterial?

Denken sie einfach an alles was sie sich wünschen und es wird sofort erscheinen.

Martin schließt also die Augen, lässt seinen Wünschen freien Lauf und als er die Augen wieder öffnet findet er auf dem Tisch: Schere, Cutter, Lineale, Nadeln Sicherheitsnadeln und Garnrollen vor. Neben seinem Schneidetisch ist noch ein weiterer Tisch erschienen. Darauf steht die Nähmaschine, die sich Martin schon seit geraumer Zeit wünscht. Martin riskiert einen Blick zu den anderen Martins und kann beobachten, wie die unterschiedlichsten Dinge erscheinen und auch wieder verschwinden, je nach Bedarf. Die anderen Martin sind auch bereits deutlich weiter als er. Also beginnt er zu messen, zu schneiden, zu stecken, zu begradigen, zu bügeln und zu nähen.

Als das Plaid fertiggestellt ist hat Martin das Gefühl, dass Stunden vergangen sind.

Er wagt einen Blick auf die Uhr an der Wand.

Es sind anscheinend erst fünfzehn Minuten vergangen, seit er im „Nähwahna" eingetroffen ist. Was ihn jedoch sehr wundert, ist die Tatsache, dass diese Uhr genauso aussieht, wie die Uhr, die er am Handgelenk trägt. Plötzlich vernimmt Martin ihm bekannte Stimmen. Sie reißen ihn aus seinem Tagtraum.

„ Papa? Kommst du bitte? Wir sind fertig." erklärt Lars.

Jetzt erst bemerkt Martin, dass er wohl in der Sitzecke eingeschlafen sein muss. Er folgt Lena und Lars zu den ausgesuchten Stoffen und ist begeistert von ihrer Auswahl. Die benötigten Stoffmengen werden eingekauft, bezahlt und sie fahren heim. Dort angekommen, stellen sie fest, dass Michaela bereits alles vorbereitet hat: den Schneidetisch, die Nähmaschine, das Bügelbrett und das Bügeleisen. Lena und Lars legen ohne Umschweife los und frönen ihrem Nähwahn.

Hier und jetzt muss es für die Kinder das „Nähwahn(a)" sein.

Der unerfüllte Traum

Es war einmal ein Quilter, der hieß Volker. Volker war ein wenig anders als andere, wenn es um sein Hobby ging. Er hatte einen Traum.

Er träumte von der alten Feuerwache in seiner Stadt. Ein unter Denkmalschutz stehendes Gebäude. Die Feuerwache war mehr als geräumig. Sie besaß zehn Tore für die Einsatzfahrzeuge, Platz für die Leitstelle und Unterkünfte für die Feuerwehrmänner. Erdgeschoss, erste Etage, zweite Etage und einen wunderschönen Turm. Nebenan war noch der Neubau aus den 70er Jahren, der ebenfalls Teil der Wache war, allerdings nicht denkmalgeschützt. Die Feuerwache stand schon seit längerer Zeit zum Verkauf. Aber schon die benötigte Menge Geld zum Erwerb der Wache hätte Volker niemals aufbringen können, geschweige denn das notwendige Kleingeld für die Renovierung. So gab er sich seinem Traum hin.

Volker stellte sich vor, die alte Feuerwehrwache zu einem Patchworkzentrum zu verwandeln. Zunächst die Fahrzeughalle mit ihren zehn Toren. In die großen Tore ließ er Türen und Fenster einbauen. Dadurch würde die Halle lichtdurchflutet. Im mittleren Teil der Hallen stellte er sich ein Ladenlokal vor. Ausgestattet mit Regalen voller Stoffe, in der Mitte einen Schneidetisch, von allen Seiten zu nutzen.

Ein weiter Hallenteil war als Kursraum umgebaut. Tische, Stühle, Schneidetische, Bügeltische und Steckdosen am Boden, von der Decke herabhängend, praktisch und gleichzeitig doch einladend.

Der dritte Hallenteil beherbergte eine Longarm Quiltmaschine, an der Kursteilnehmer arbeiten konnten oder aber Auftragsarbeiten erledigt wurden.

Die ehemalige Leitstelle, in der ersten Etage würde als Quiltcafe hergerichtet. Dort fänden sich antike Möbel, Schränke, ausladende Sofas, Tische und Stühle mit hohen Lehnen. Hier sollte man gemeinsam quilten, nähen oder einfach Gespräche führen können. Der Fußboden war in Schiffsbohlenoptik gearbeitet. Überall verteilt fanden sich alte Nähmaschinen, Bügeleisen samt Ständer und Stehlampen. Von der Decke hingen wuchtige Leuchter, mit Tageslichtbirnen ausgestattet, um ein besseres Arbeiten zu ermöglichen. An den Fenstern hingen Scheibengardinen, eingerahmt von prächtigen Vorhängen. Auf den Tischen lagen alte Tischdecken. In den Sofas und Sesseln fanden sich gepatchte Kissen. Auf einer Quiltleiter wurden Quilts präsentiert. Kaffee und Kuchen wurde auf silbernen Tabletts serviert. Den Kaffee gab es aus Porzellankannen. Silberbesteck lag mit dabei. Die Wände waren mit Quilts in verschiedenen Varianten, Redwork, Patchwork, Wholecloth verziert.

Insgesamt ein Ort, an dem sich Quilterinnen und Quilter einfach wohlfühlen und den Alltag vergessen sollen.

Der Turm:

Hier wurden maßangefertigte Regale eingebaut, die eine weitere Vielfalt an Stoffen enthielten. Oben im Turm angekommen, konnte man dann auch Quiltfernsehen anschauen, wenn man es wünschte.

So blieb noch der Neubau.

In diesem ließ Volker Gästezimmer einrichten, denn sein Wunsch war es, regelmäßig Kurse zu veranstalten. Diese wollte er von bekannten Quiltkünstlerinnen leiten lassen.

Die Böden der Zimmer stattete Volker, dem Neubaucharakter entsprechend, mit freundlichen aber dicken Teppichen aus. Die Gästezimmer waren mit antiken Kleiderschränken ausgestattet. Alte Leuchter unter der Decke und auf den Nachttischen rundeten das Bild ab. Volker wollte, dass sich die Gäste hier richtig wohl fühlen. Für jeden Gast gab es außerdem eine Schlafmütze, die er nach seinem Aufenthalt mitnehmen durfte.

Als Volker das vorbeifahrende Einsatzfahrzeug der Feuerwehr, mit eingeschaltetem Martinshorn weckte, bemerkte er, dass er schon wieder geträumt hatte.

Da Volker bis heute keinen ausreichenden Lottogewinn eingestrichen hat, hat er immer noch etwas, wovon er träumen kann.

Ich kann nur noch an das eine denken

Ich gehe durch die engen Gassen

und auch durch die weiten Straßen.

Ein Reiz erfasst mein Auge,

nein, es ist nicht die hübsche Taube.

Der Stuck an der Fassade

fährt mir in die Parade.

Das Muster muss ich haben,

auf Schablone übertragen.

So zück ich denn Papier und Stift,

bis es aufgezeichnet ist.

Der nächste Quilt, der kommt bestimmt,

der dieses Muster auf sich nimmt.

So wiederfährt es mir noch oft im Leben,

werd mich der Lust hingeben.

Den kauf ich mir!

(Oder die Beichte eines Infizierten)

Es war Anfang des Jahres. Ich hatte vor einigen Monaten meinen ersten Quilt fertiggestellt. Momentan beschäftigte ich mich wieder mit meinem Redworkquilt. Mein Infektionsherd überredete mich (man musste , muss und wird mich nie überreden müssen, es klingt einfach nur besser), zu einer Shoppingtour bei unserem Stoffdealer. Wir gingen zielgerichtet zu den Patchworkstoffen und fingen zu stöbern an. Hilfe, die uns angeboten wurde, lehnten wir dankend ab. Wir wollten ja nur schauen. Da viel mir ein Stoff in die Hand, der mich sofort in seinen Bann zog (mein erstes Aha Erlebnis). Ein Motivdruck mit Wölfen (ich liebe Wölfe). Blau, wunderschön eingefasste Motive und dazu passend auch Kissenplaids. Ich gebe zu, ich war hin und weg.

Mein Infektionsherd fand diese Stoffe ebenfalls sehr schön und beriet mich sofort, wie ich sie am besten verarbeiten könnte: von Hand quilten (Oh Schreck) Das hatte ich doch noch nie getan, würde ich das können? Sollte ich nicht vorher an etwas anderem üben, war meine Überlegung? Ich gab den Stoff zurück. Der Ballen war ja noch fast vollständig.

28

Nach acht Nächten Arbeit und einem freien Wochenende fuhren wir abermals zu unserem Stoffdealer. Zu meinem Entsetzen hatten die Ballen schon deutlich abgenommen. Entsetzt stellte ich fest, es gab also noch mehr Menschen, die auf Wölfe standen. Ich ging wiederum, ohne etwas davon gekauft zu haben (Ich wollte mir meine Widerstandskraft beweisen).

Wieder Arbeit, wieder Wochenende, wieder bei unserem Stoffdealer. Diesmal hatten die Ballen zu meinem Entsetzen noch deutlicher abgenommen. Jetzt war Ziehung. Jetzt oder nie. Ich musste zuschlagen, sonst war es zu spät (Mein Widerstand war gebrochen, die Sucht hatte gesiegt). Den kauf ich mir! Zwei Wölfe für das Quiltplaid. Zwei Wölfe für die Kissenhüllen. Soweit so gut. Noch den passenden Beistoff, Vlies und ab ging es an die Nähmaschine. Der Rand war zügig befestigt. Schlicht und einfach, das passende blau, uni. Die Wölfe sollen ja im Vordergrund stehen. Aber wie stecke ich mein Sandwich sinnvoll? Ich hatte ja noch nie von Hand gequiltet. Also ein absoluter Quiltnotfall. Telefon raus und meinen Telefonjoker zu Rate gezogen. Stecke ihn gut, damit dir nichts verrutschen kann, war der Rat, den ich erhielt. Danach wie immer kontrollieren, ob sich auch keine Falten eingeschlichen haben. Gesagt, getan. Beim nächsten Besuch durch meinen Infektionsherd, wollte dieser natürlich meinen Quiltnotfall betrachten. Das Gesicht ist mir noch genau vor Augen.

„Ist das ein Quilt für einen Fakir?" war die Frage. Kurze Feststellung für die gewogenen Leser: ich hatte mehr Sicherheitsnadeln benutzt als unbedingt notwendig. Das Sandwich sah wohl aus wie ein riesiges Nadelkissen.

Zunächst habe ich meine Quiltversuche an einem anderen Stück Stoff probiert, bis ich mich dann an die Wölfe getraut habe. Brav von innen nach außen. Das Binding angebracht und ihn damit vollendet. Heute liegt er immer noch griffbereit auf meinem Sofa.

PS: Nachdem ich den benötigten Stoff gekauft hatte, war zwei Wochen später kein Fitzelchen mehr vom Wolfsstoff vorhanden. Der ganze Stoff war weg!

Zur Ausstellung zum Quip – Day habe ich auch meine Wölfe mitgenommen und sie waren ein absoluter Renner. Ich habe mehrmals gehört: „Den kauf ich mir." Daraus wurde nichts, dieser Quilt bleibt bei mir.

Der Stoff

So fein, so rein,

kannst nur von guter Qualität Du sein.

Jetzt wirst Du auch noch heiß gemacht,

auf die richtge Temperatur gebracht.

So liegst Du da und wartest schon,

ich muß nur noch die Nadel hol`n.

Fein geschnitten und auch aufgeteilt,

habe ich mich nicht beeilt.

Die Nadel dringt nun in dich ein,

es soll`n ja bald mehrere sein.

Stoffe aneinander,

Lagen aufeinander.

Bist fertig du gestellt,

sehe ich wie du mir gefällst.

In kleinen Portionen hast Du vor mir gelegen,

habe ich Dir jetzt eine Form gegeben.

So schön bist Du geworden,

kann es wiedergeben nicht mit Worten.

Du wirst mich wärmen und bedecken,

steckt ja nur Freude in Dir, in allen Ecken.

Ottmars Frau

Ottmar wusste schon gar nicht mehr, wie oft er sich über Hilde gewundert hatte. Jedenfalls so oft, dass er es mittlerweile nicht mehr tat, sondern mit allem rechnete. Hilde, seine Frau, war über die Jahre, seit sie in Pension gegangen war, zu einer überzeugten Patchworkerin geworden. Es gab nichts, was vor ihr sicher war. Alles wurde abgedeckt, zugedeckt, vorgehangen, abgehangen, selbst für die Zimmertüren hatte sie Schilder genäht mit den Aufschriften; Wohnzimmer, Küche, Schlafzimmer, Toilette. Da ihr Haus nicht ganz klein war, gab es dort naturgemäß noch mehr Schilder. Das war ihre letzte verrückte Aktion, nachdem sie zuvor der absurden Idee verfallen war, die Einlegeböden in den Küchenschränken mit gepatchten Schonern zu versehen. Sie war sich sicher, so würden die Einlegeböden noch länger halten und die gepatchten Einlagen ließen sich schließlich waschen und austauschen. Die Einleger für die Töpfe waren aus Stoff mit Topfmotiv gepatcht. Die Einleger für die Tassen waren aus Stoff mit Tassenmotiv gearbeitet. Die Einleger für Teller waren mit Tellermotiv gestaltet und so ging es weiter. Doch was jetzt geschah war zu viel für Ottmar.

Alles hatte damit begonnen, dass Hilde auch noch einen Kurs für Kleidungsschneiderei besuchen wollte. Ottmar wusste genau, wenn er versuchen würde, seiner Frau diesen Kurs auszureden, hätte er für längere Zeit schlechte Stimmung zu

Hause. Außerdem, so seine Überlegung, wenn Hilde beschäftigt war, konnte er sich ebenfalls ganz ausgiebig seinem Hobby, der Modelleisenbahn, widmen und musste nicht irgendwelche Haken für neue Quilts in die Wand einbringen. Also ließ er Hilde gewähren und unterstützte sie, so gut es ihm möglich war. Über ein Jahr ging Hilde zweimal im Monat zu ihrem Nähkurs und Ottmar musste anerkennend feststellen, dass sie von Mal zu Mal besser wurde. Ihre erste selbstgenähte Jacke hatte schon etwas Besonderes. Diese Jacke war ein Modell, denn die gab es kein zweites Mal. Auch das Kleid, in dem Hilde Ottmar zum Nachbarschaftsfest begleitet hatte, konnte sich wahrlich sehen lassen. Mittlerweile hatte Hilde die Kleidungsschneiderei mit dem Patchwork verbunden. Hilde hatte Jeansjacken für ihre Enkelkinder gepatcht, die diese auch voller Stolz trugen. Das war ein ganz besonders großes Lob.

Jetzt trieb Hilde es aber zu weit für Ottmars Geschmack.

Ottmars Jahrestreffen der Modelleisenbahner stand an. Und was hatte Hilde getan? Sie hatte heimlich eine Phantasieuniform für Ottmar genäht, die er zu diesem Treffen tragen sollte. „So etwas habe bisher noch nie jemand getan" wand Ottmar ein. Alle gingen in ganz normaler Kleidung dorthin versicherte Ottmar. Dann werde es aber endlich mal Zeit, war Hilde überzeugt. Aber Ottmar blieb standhaft. So verging eine Woche, in der Ottmar und Hilde das Thema Uniform vermieden.

Da Hilde Ottmar aber immer zu seinen Modelleisenbahnreffen begleitete und ihm half, seine Präsentation aufzustellen, packten sie freitags gemeinsam das Auto und fuhren los. Hilde hatte wie immer ihre selbstgenähten Reisetaschen mitgenommen. Diesmal war es eine Tasche mehr, was Ottmar aber nicht registrierte, denn es waren ja immer mehrere Taschen, die Hilde mitnahm. Noch am Abend hatten sie Ottmars Präsentation, in der Halle, die extra für die Ausstellung gebucht war, fertig aufgestellt und begaben sich ins Hotel.

Am Samstag standen sie früh auf und waren dadurch auch die ersten an ihrem Stand. Kurz nachdem die Veranstaltung begonnen hatte, verschwand Hilde samt ihrer Tasche auf der Toilette. Als Hilde wiederkam, traute Ottmar seinen Augen kaum. Hilde hatte sich tatsächlich ebenfalls eine Uniform genäht, die sie jetzt auch noch trug. So kam sie hinter den Stand. Noch bevor Ottmar die Gelegenheit hatte etwas dazu zu bemerken, wurde Hilde auch schon von einem Besucher angesprochen. Sie hätte da aber eine wirklich schöne Arbeit ausgestellt und die Idee mit der Uniform wäre auch wirklich sehr originell. Das alles werde er bei der Stimmabgabe für den Wettbewerb um die beste Präsentation berücksichtigen. Ottmar stand mit offenem Mund da und Hilde grinste über beide Ohren. Noch ehe Ottmar aufklären konnte, dass es sich um seine Präsentation handelte, war der Besucher auch schon wieder verschwunden. So ging es noch eine ganze Weile weiter, bis Ottmar schließlich kapitulierte und eingestand, dass die Idee mit der Uniform doch gar nicht so schlecht gewesen wäre. Da grinste Hilde noch breiter und hielt ihre Tasche hoch. Hilde hatte natürlich auch seine Uniform mitgebracht.

Ob Ottmar sie dann auch tatsächlich getragen hat, ist leider nicht überliefert.

Wer anderen einen Quilt näht,

fällt selbst darunter.

Susanne war bereits seit vielen Jahren eine begeisterte Patchworkerin. Ihre Begeisterung war so groß, das sie mittlerweile keinen Platz mehr für neue Quilts hatte. Sie hatte sogar das Arbeitszimmer ihres Mannes mit Beschlag belegt. Sie konnte aber nicht aufhören, dafür bereitete ihr das Patchen viel zu viel Vergnügen. Also kam ihr der Gedanke, doch ihren nächsten Quilt zu verschenken. Dabei bemerkte Susanne, dass sie in all den Jahren noch nie über Papier genäht hatte. Also sollte das ihr nächstes Projekt werden. Eine perfekte Begründung, denn sie musste es ja üben. Sie sah sich in ihrer Mappe alle Quilts an, die sie bereits gearbeitet hatte, denn sie hatte jeden Quilt fotografiert, und beschloss, sie alle oder Teile daraus in kleinen Blöcken nachzunähen. Es sollte ein Sampler werden. Vom Nine Patch über Log cabin bis zum Lone Star. Also suchte Susanne jedes Motiv in ihrem Quiltprogramm und druckte sich alle Motive in einheitlicher Größe aus. Sie faltete sie vor und begann zu nähen.

Der erste Block erschien ihr noch schwierig, denn es fehlte ihr die Übung. Den zweiten Block empfand sie schon als wesentlich leichter und mit jedem weiteren Block wuchs ihre Begeisterung für diese Technik. Spitzen, Ecken und auch

Motive, die ihr zuvor Schwierigkeiten bereitet hatten, gelangen ihr ohne große Mühe. Sie musste nichts trennen und somit auch nicht nochmal nähen. Es wurde perfekt. Susanne war einfach begeistert.

So nahm der Bestand an fertigen Blöcken unaufhörlich zu und Susanne konnte kein Ende finden. Innerhalb eines Monats hatte sie alle Blöcke, die sie sich zu nähen vorgenommen hatte, fertig. Sie war stolz, denn sie hatte weder ihre Familie noch ihre Arbeit vernachlässigt. Ihre Familie räumte Susanne sowieso schon viel Zeit für ihr Hobby ein. Susanne legte alle Blöcke aus. Zunächst noch ohne Plan. Sie fotografierte jede einzelne Variante. Nach einigen Versuchen hatte sie die perfekte Zusammenstellung gefunden.

Jetzt begann die zweite Phase der Begeisterung. Die Blöcke passten alle, ohne jegliche Korrektur aneinander. Auch die Reihen ließen sich sehr leicht aneinanderfügen. Schnell lag das fertige Plaid vor ihr. Sie steckte ihr Sandwich und begann mit dem Quilten. Es bereitete ihr eine besondere Freude, denn Nahtquilten wäre Susanne hier nicht ausreichend gewesen. Als dann das Binding den Quilt perfekt abrundete, war Susanne begeistert.

Wem sollte sie diesen Quilt wohl schenken? Onkel Franz? Tante Trude? Oder ihrer Schwester Karin? Susanne konnte sich nicht entscheiden. Über all ihren Überlegungen war es Abend geworden. Sie machte es sich auf ihrem Sofa gemütlich.

Susanne nahm den Quilt zu Hand und dachte: Von einem Mal probeliegen ist er ja noch nicht gebraucht. Von oben herab konnte sie jedes Detail betrachten und jeder Block erzählte eine ihrer Quiltgeschichten von vorangegangenen Vorhaben. So vergingen die Tage, an denen Susanne ihr Werk immer wieder betrachtete. Sie konnte sich nicht entscheiden, wem sie diesen besonderen Quilt schenken sollte. Jeder, der diesen Quilt nicht geschenkt bekäme, würde neidisch werden. Jede Entscheidung war damit automatisch falsch und würde nur Unmut mit sich bringen. Nach drei Wochen der Überlegungen war dies die perfekte Begründung, den Quilt zu behalten. Wobei Susanne für sich selbst außerdem noch feststellte, dass dieser Quilt mittlerweile gebraucht war, und einen gebrauchten Quilt konnte man unter keinen Umständen verschenken.

Darum Merke: ***Wer anderen einen Quilt näht, fällt mitunter selbst darunter!***

Du willst es doch auch!

Du willst es doch auch.

Ich hab dieses Kribbeln im Bauch.

Ich will dich haben.

Meine Sucht an dir laben.

Du bist so einladend schön,

dass ich meiner Sucht an dir frön.

Schneiden, messen, nähen,

will nicht weg von dir gehen.

Jetzt hab ich`s geschafft,

das alles passt.

Jetzt noch verzieren.

Auf dir applizieren.

Gequiltet wirst du dann.

Wenn ich dich in den Rahmen spann.

Nach vollbrachter Tat,

bleibst Du trotzdem zart.

Mit Vlies gefüllt,

wirst du um mich gehüllt.

liegst auf meinem Bauch.

Ich weiß, du willst es doch auch!

Gesehen und gleich genäht

Petra war zurzeit ziemlich schwer erkältet. Ihr wollte nicht viel
Vergnügen bereiten. Schlafen war derzeit ihr „größtes
Hobby". Bis zu sechzehn Stunden täglich. Aber das Leben ging
ja weiter. Nach einigen Tagen, als sie sich schon wieder besser
fühlte, stellte sie fest, dass ihr Vorrat an genießbaren
Lebensmitteln außerordentlich dezimiert oder aber das
Haltbarkeitsdatum abgelaufen war. Es half also nichts sie
musste vor die Tür. Sie machte sich zurecht, setzte sich ins
Auto und fuhr in den nahegelegenen Supermarkt. Er war noch
neu. Petra hatte ihn noch nicht allzu oft aufgesucht. Von
daher brauchte sie mehr Zeit um all die Dinge zu finden, die
sie benötigte. Auf Ihrer Suche also kam sie zu dem Bereich
Literatur, Zeitschriften, Bürobedarf. Ein Blick auf eine neue
Zeitung kann ja nicht schaden dachte Petra so bei sich. Bei der
Ansicht der Hefte wurde ihr klar, dass sie durch ihre Erkältung
immer noch angeschlagen war und entschied sich ohne lange
zu zögern, zwei der vorhandenen Zeitungen mitzunehmen.
Sie bezahlte, fuhr nach Hause und begab sich zur Erholung auf
ihre Couch. Die erste Zeitung war schon recht interessant und
sie legte eine Merkzettel an die Stellen die sie sich später
noch einmal genauer ansehen wollte . Bei der zweiten
Zeitung erging es ihr anders. Auf der fünften Seite blieb sie
bereits hängen.

Ein kleiner Redworkwandbehang hatte ihr volles Interesse geweckt. Sie setzte sich auf, suchte den Arbeitsbogen heraus und kopierte sogleich das von ihr gesuchte Motiv. Keine Verschwendung. Der Arbeitsbogen muss unbeschadet bleiben. Gesagt, getan. Auf Pergamentpapier abgezeichnet, Bügelstift aufgetragen. Stoff raus. Bügeltisch und Bügeleisen hervorgeholt. Petra übertrug das Motiv. Es war 19.00 Uhr. Um 2.00 Uhr schaute sie auf die Uhr. Sie war völlig entsetzt. Sie hat sich verstickt. Jetzt spürte sie doch wieder die noch bestehende Erkältung. Also ab ins Bett. 10.00 Uhr, Petra wurde wach. Sie stand auf und stolperte direkt über das auf dem Bügeltisch liegende Ergebnis. Zuerst einen Kaffee. So viel Zeit musste sein! Danach begab sie sich an den Schneidetisch. An Hand der Vorlage mit leichten Größenvariationen und anderen Stoffen ging es an die Nähmaschine. Rand dran. Vlies, Rückseite, Stecken. Nähen. Stürzen. Die Ecken ausgearbeitet. Quilten mit der Maschine. Zunähen. Tunnel anbringen. Fertig. Keine vierundzwanzig Stunden nach dem ersten Erblicken war ihr Werk vollendet.

Gekauft. Gesehen. Gearbeitet. Fertig.

Ode an meine Nähmaschine

Da stehst du nun,

ich sollt es tun.

Dich einfach nur gebrauchen,

mein Verlangen in Dich tauchen.

Gesteckt ist Stück für Stück,

nun gehst Du vor, auf Wunsch zurück.

Man kann mit Dir so vieles tun,

Du wirst nicht müde, mußt nicht ruhn.

Zickzack, Knopfloch und auch grade,

das ist wirklich keine Frage.

Schnell und schneller, rasend nun,

gilt es auf und ab, die Nadel rein und raus zu tun.

Bestücken muß man Dich und pflegen,

auch die Mechanik sollt man hegen.

Dann tust Du, was verlangt,

bist bescheiden, was das anbelangt.

Bist du mal zickig ist eins klar,

der Staub ist wieder da.

Vom vielen Nähen hat er sich gesammelt,

an der Spulchenführung bammelt.

Bist Du dann sauber, das ist klar,

ist auch die Freude wieder da.

Ein Tropfen Öl, ein Pinsel und ein bißchen Strom,

das ist alles, das war`s dann schon.

Weiter geht es tuck, tuck, tuck,

fertig ist das Werk ruckzuck.

Der Fehlerquilt

Denise saß an ihrer Nähmaschine und blickte auf den Block, den sie grade genäht hatte. Zweimal hatte sie ihn bereits wieder getrennt. Doch jetzt sah alles richtig aus. Was war das bloß, dass es ihr einfach nicht gelingen wollte, fehlerfrei zu arbeiten? Dabei gab sie sich doch alle Mühe. Sie legte den Block zufrieden beiseite. Was Denise jedoch nicht bemerkt hatte war, dass zwei Stoffe an der falschen Stelle untergekommen waren. Sie nähte weiter. Die einfachen Blöcke gelangen ihr auf Anhieb. Bei den Schwierigeren trennte Denise jedoch fast alle noch mehrfach wieder auf. Der Zeitdruck für Denise nahm zu. In drei Monaten sollte der Wettbewerb, an dem sie teilnehmen wollte, starten. Einen Monat vorher war Abgabeschluss. Sie hatte somit nur noch zwei Monate Zeit. Arbeiten, essen, nähen, schlafen. Das war ihr Tagesablauf. Sie schaffte es tatsächlich, rechtzeitig fertig zu werden. Sie reichte den Quilt mit allen erforderlichen Unterlagen ein. Bereits nach einer Woche bekam Denise Post. Es war die Bestätigung, auf die sie so gehofft hatte. Ihr Quilt war angenommen worden. Sie wurde in diesem Schreiben ganz herzlich zur Vernissage eingeladen. Außerdem versprach ihr die Jury bereits jetzt einen Sonderpreis. Jedoch ohne eine Erklärung für das Wofür oder für das Warum. Denise begab sich also zur Vernissage. Einlass war bereits eine Stunde vor der offiziellen Eröffnung. Sie hatte somit noch Zeit, sich alle Quilts in aller Ruhe anzusehen. Das tat sie auch.

Sie fand einen schöner als den anderen. Schließlich kam sie auch zu ihrem Quilt. Fünf Damen standen davor. Sie betrachteten ihn genau. Abwechselnd hoben sie die Hände und zeigten auf einzelne Blöcke. Da fiel es Denise auch auf. Sie ging weiter zurück um besser sehen zu können und stellte fest, dass sie wieder einmal reichlich Fehler eingebaut hatte. Ihre Quiltstiche allerdings hatten die Damen gelobt. Denise überfiel nur noch ein einziger Gedanke: Flucht! Im Erdboden versinken. Sie wünschte sich eine Tarnkappe herbei. Unsichtbar wollte sie werden. Da spürte sie eine Hand an ihrem Arm. Es war die Vorsitzende der Jury. Sie wollte Denise den anderen Jurymitgliedern vorstellen. Denise wurden die Knie weich. Sie wäre am liebsten losgerannt, folgte aber brav zum Jurorentisch. Die weiteren fünf Damen, die in der Jury saßen, beglückwünschten Denise zu diesem gelungenen Quilt. Sie sprachen von dem gekonnt inszenierten Versatz der Motivanteile . Denise versuchte mehrfach anzusetzen, etwas zu erwidern. Aber sie kam nicht dazu. Sie wollte erklären, dass dieser Versatz nicht gewollt sondern einfach so geschehen war. Sie bekam keine Gelegenheit mehr, etwas richtig zu stellen, denn direkt darauf erfolgte die Ausstellungseröffnung. Jeder einzelne Quilt wurde besprochen. Neben der Jury, hatten auch die Besucher der Ausstellung die Möglichkeit, ihre Bewertung abzugeben. Später würde das Urteil der Jury und das Urteil der Besucher zu gleichen Teilen gewertet und so der Sieger ermittelt. Als Denises Quilt an der Reihe war, stockte ihr der Atem. Die Jurorin schwärmte in den höchsten Tönen von ihrem Quilt.

Diese gekonnte Umsetzung des absichtlich vorgenommenen Versatzes der Motivanteile sei eine besondere Leistung, die sie so bisher noch nie gesehen hätte. Aus den Augenwinkeln heraus konnte Denise die fünf Damen beobachten, die eben noch gelästert hatten und jetzt vorgaben, voll der Bewunderung zu sein. Denise war verwirrt. Sie wurde auch noch nach vorne zu ihrem Quilt gebeten und offiziell vorgestellt, als die Künstlerin, die diesen Quilt gearbeitet hat. Die Juryvorsitzende überreichte ihr einen bemerkenswerten Stoffgutschein. Sie dürfe sich zwanzig Meter Stoff ihrer Wahl aussuchen, selbstverständlich auch in ihrem Lieblingsstoffgeschäft. Sie brauche nur die Rechnung einzureichen und bekäme die Summe erstattet. Dies sei das erste Mal, das ein solcher Preis vergeben werde betonte die Juryvorsitzende noch einmal. Diese Kreativität, einen solchen Quilt, mit so viel Charme, eben durch diesen Versatz zu arbeiten sollte unbedingt belohnt werden. Zur Finissage von Ausstellung und Wettbewerb wurde Denise erneut und dringlich bittend eingeladen. Diesmal ohne jede Angabe von Gründen. Nur mit der noch einmal dringlich wiederholten Bitte, doch zu erscheinen. Denise war da. Die Preisverleihung begann. Der dritte Preis ging an einen wunderschönen Sampler. Der zweite Preis wurde an einen Lone Star ausgelobt. Dann folgte die Überraschung. Neben dem bereits erhaltenen Sonderpreis, hatte Denise in der Bewertung auch noch den ersten Platz belegt. Die Jury und die Besucher hatten sich für ihren Quilt entschieden. Niemand hatte je erfahren, dass der Versatz unbeabsichtigt und somit ein echter Fehler war. So viel Glück kann man nicht immer haben, dachte Denise. Es muss sich etwas ändern. Und immer wenn sie jetzt einen Block näht, malt sie ihn sich vorher auf. Sie füllt ihn mit Farben, Ziffern und Buchstaben. Erst dann näht sie ihn nach dieser Vorlage nach. Seitdem ist ihr kein Fehler mehr unterlaufen. Der Fehlerquilt hängt als glückliche Mahnung samt Urkunde in ihrem Nähzimmer.

Der verschollene Quilt

Diese Geschichte kann ich nur von außen betrachtend erzählen.

Es ist irgendwann im Sommer. Ich betätige die Türglocke. Thomas öffnet mir die Tür. Er meint Petra sei beschäftigt aber ich solle doch reinkommen. Aus den Untiefen neben der Waschmaschine, die sich am Ende des langen Hausflur befindet, ertönt eine Stimme: „ Er ist für immer verschollen. Er ist weg. Ich weiß nicht wo er ist." Als der Kopf aus den Wäschekörben auftaucht, ist blankes Entsetzen auf Petras Gesicht abzulesen. Er ist weg. Er ist einfach weg, verkündet sie. Für ein Hallo oder einen Guten Tag, schön dass du da bist, ist keine Zeit. Ich frage nach, was denn vermisst werde. Der Lonestar - Variation Quilt ist verschwunden. Helfen kann ich nicht wirklich, ich bin ja nur bei Freunden zu Besuch. Auch meine Bemühung, zu erklären, dass er ja nicht weggelaufen sein könnte, ist keine wirklich große Hilfe. Im Laufe der nächsten Monate wiederholt sich die Situation, so oder so, an unterschiedlichen Orten wieder und wieder. Zum Beispiel im Wohnzimmer. Ich kam wiederum zu Besuch und war etwas verwundert. Die Möbel waren umgestellt, die Schränke ausgeräumt. Thomas verdrehte, ohne das Petra es sehen konnte, die Augen und flüsterte leise in mein Ohr: „ Petra sucht immer noch diesen Quilt. Mittlerweile spitzt sie jeden von uns an, uns an der Suche zu beteiligen.

Das nervt gewaltig." Nachdem alles wieder eingeräumt und richtiggestellt war, wurde es doch noch ein gemütlicher Nachmittag. Beim nächsten Besuch, eine Woche später öffnete Thomas mir erneut die Tür. Sein Gesicht sprach Bände. „ Sie sucht schon wieder. Das Schlafzimmer ist ein Trümmerhaufen. Offiziell räumt sie nur auf und putzt." Ich habe dann im Wohnzimmer Platz genommen. Das Wohnzimmer sah noch so aus wie beim letzten Mal. Wie dann der Abend verlaufen ist kann ich nicht nachhalten.

Danach folgte eine vermeintliche Zeit der Ruhe. Doch diese trügerische Ruhe sollte bald wieder vorbei sein.

Einige Wochen später öffnete Thomas mir wieder die Tür. Er verdrehte erneut die Augen und meinte: „ Offiziell räumt sie ihr Nähzimmer oben auf. In Wirklichkeit sucht sie aber immer noch." Ich ging hoch.

Als Petra meine Schritte hörte, rief sie laut: „ Ich brauche noch eine halbe Stunde zum Aufräumen Thomas. Du musst nicht kontrollieren kommen. Ich suche nicht."

Ich trat ins Zimmer und blickte in ein verdutztes Gesicht. „Ich räume tatsächlich auf. Setz Dich. Ich muss nur noch unter den Schneidetisch. Dann bin ich gleich fertig." Nachdem sie Kisten und Kästen, Tüten und einen Schrank hervorgeholt hatte, schaute sie in die letzte Tüte. Ein Schrei, der mir fast das Trommelfell zerriss, drang durch das ganze Haus, so dass ihre gesamte Familie in kürzester Zeit im Nähzimmer versammelt war. Petra stellte überglücklich fest: „ Er ist wieder da!" Der Quilt war in einer der Tüten, in denen Petra sonst ihre gebrauchten Quilts lagert, bis sie gewaschen werden. Wie der Quilt unter den Schneidetisch gelangen konnte, hat sich nie aufgeklärt. Kommissar Zufall hat beste Arbeit geleistet. Der für immer verschollene Quilt war wieder da und es kehrte wieder Ruhe bei Thomas, Petra und Familie ein.

Von der Sucht

Der Stoff, der lockt,

die Nadel zuckt.

Jetzt hab ich Dich,

bis dass die Nadel bricht.

Zunächst gebracht nur Naht an Naht,

das Werk sich jetzt dem Ende naht.

Das Sandwich fest im Griff,

erhälst Du jetzt den richt`gen Pfiff.

Sind auch bald die Finger wund,

so wird die Nadel doch nicht rund.

So geht es Stich für Stich,

halten die Fäden dich in sich.

Das Binding wird noch angenäht,

bevor der Quilt in den Gebrauch dann geht.

Fertig bist Du jetzt anzusehen,

werde ich gleich zum nächsten übergehen.

So geht es dann,

erneut daran...

Der Stoff, der lockt,

die Nadel zuckt.

......

Alles Banane du Pflaume?

Es war jetzt bereits drei Tage her, dass Dorothee mehrfach während ihrer Bügelaktion gestört wurde. So hatte sie ihre vorbereiteten Streifen, statt zu Streifen, zu „Bananen" gebügelt. Einige wenige Momente der Unaufmerksamkeit hatten zu diesem Ergebnis geführt. Ihre Vorbereitungen für ihr Quiltprojekt, einen Bargello, waren dadurch empfindlich gestört. So lagen nun „Bananen" vor ihr und Dorothee war immer noch verärgert. Wie hatte ihr das nur passieren können? Sie war doch sonst immer so aufmerksam. Was sollte sie jetzt mit diesen „Bananen" anfangen? Diese Frage beschäftigte Dorothee jetzt bereits, seit eben diesen, drei Tagen. So eine Stoffverschwendung, dachte sie bei sich. Den Stoff einfach zu verwerfen, wäre eine, aber nicht zufriedenstellende Möglichkeit gewesen. Da entstand spontan ein Bild vor ihren Augen. Dorothee begann sofort ihre Idee in die Tat umzusetzen. Sie nahm einen weiteren Steifen, der noch keine „Banane" war, zur Hand. Diesmal bügelte sie ihn absichtlich zur „Banane". Die anderen „Bananen" bügelte sie noch etwas gebogener nach. Glücklicher Weise war der Stoff, den sie gebogen gebügelt hatte, auch noch gelb. Dorothee applizierte auf die Mitte der Streifen zwei entsprechend lange Fäden aus schwarzem Perlgarn, das die „Bananen" wie Bananen aussehen ließ.

Ebenso setzte sie am oberen und unteren Ende jeweils einen wenige Millimeter Breite messenden, dunkelgrauen Streifen als Umrandung an. Dorothee brachte die „Bananenstreifen" in eine einheitliche Größe. Nun fügte sie die „Bananen", immer mit einem weiteren schwarzen dünnen Streifen als Trennlinie, aneinander. Nachdem sie so mehrere „Bananen" aneinander gebracht hatte, war sie schon recht zufrieden. Aber es fehlte noch der besondere Effekt. Welche „Zutat" war es, die noch fehlte? Passend zu dieser Frage fielen ihr die Pflaumentupfer in die Hände, von denen sie noch einige wenige aufgehoben hatte. Dorothee standen noch zwei Größen an Pflaumentupfern zur Verfügung. Die kleinen Pflaumentupfer färbte Dorothee rot ein. Die großen Pflaumentupfer färbte Dorothee dunkellila. Nachdem die eingefärbten Pflaumentupfer am nächsten Tag getrocknet waren, befestigte Dorothee an den kleinen roten Tupfern Schlaufen aus grünem Häkelgarn. Die Schlaufen dienten als Stiele für die zwei „Kirschen", die diese kleinen Pflaumentupfer, aneinander gebracht, darstellten. Die lila gefärbten Pflaumentupfer versah Dorothee am oberen Ende mit einem gelben Punkt aus dem „ Bananenstoff". Nachdem sie die lila Pflaumentupfer in ihren Händen zu „Pflaumen" geformt hatte, nähte Dorothee die „Kirschen" und „Pflaumen" von Hand auf die „Bananen" auf. Sie steckte sich ihr Sandwich und quiltete noch Apfel- und Birnenmotive dazu. Das Binding anzubringen verlangte Dorothee dann wieder etwas mehr Konzentration ab. Es hatten sich, an den „Bananenenden", Y-Nähte ergeben, die sie zuvor nicht

bedacht hatte. In den oberen Rand des „Bananenquilt",
nähte Dorothee noch zwei Haltebänder als Aufhängung ein.
Die Haltebänder waren ebenfalls aus „Bananen" gefertigt.
Um die Haltebänder grade einzunähen, musste Dorothee
doch ziemlich schräg denken. Nachdem Dorothee das Binding
von Hand geschlossen hatte, betrachtete sie ihr Werk.
Dorothee gefiel der Bananenquilt richtig gut. Warum immer
nur klare, grade Formen arbeiten, fragte sich Dorothee? So
geht es doch auch.

Während Dorothee sich ihren Quilt ansah, wusste sie auch
ganz genau wie er heißen sollte:

Alles Banane, du Pflaume?

PS: Dorothee hatte noch genügend Länge von dem gelben
Stoff überbehalten, um ihren Bargello fertig zu stellen.
Diesmal achte Dorothee allerdings darauf, dass sie, während
sie bügelte, nicht gestört wurde. Ein „Bananenquilt" reichte
ihr vollkommen!

Der Faden, der Stoff und die Perle

Es war einmal, ein einsamer alter Faden. HALT! Einsam ist
nicht ganz richtig, denn er lag mit seiner Rolle, auf die er
gewickelt war, in einer Kiste mit vielen anderen Garnrollen.
Einsam war er aber trotzdem. Er wurde nie benutzt und auch
nicht wirklich wahrgenommen. Immer wenn seine Besitzerin
in die Kiste griff, um eine Garnrolle herauszuholen, hoffte er,
dass er jetzt an der Reihe sei. Doch sie legte ihn lediglich
beiseite. Sie sah ihn nie wirklich an. Sie nahm stets die
anderen Garne. Die dünneren, die bunteren, die hübscheren.

Betrachtete sie genau und sprach immer von ihren „Leckerligarnen". Diese benutzte sie besonders gerne zum Verzieren ihrer Arbeiten. Manche davon glänzten, so wie das Kussmund rote, das goldene, das silberne und das grüne Garn. Stets legte sie diese Garne nach ihrem Gebrauch zurück, mit dem Versprechen, sie alsbald wieder hervorzuholen. Genauso verhielt es sich auch mit den Nähgarnen. Sie suchte sich stets eines aus, das zu dem Stoff passte, den sie grade verarbeitete. Bei jedem Mal wurde der traurige Faden, gemeinsam mit seiner Rolle nur umhergeschoben, gequetscht, aber vor allem nicht beachtet. Der Faden wusste um seine Unzulänglichkeiten. Er war dick, er war robust, seine Farbe war nicht mehr in Mode. Er glänzte nicht so schön wie die anderen Garne und und und. Das alles war einmal anders gewesen. Damals vor siebzig Jahren. Da gebrauchte ihn seine Besitzerin regelmäßig und war froh, dass er soooo stabil und soooo reißfest war. Sie wusste, sie konnte sich auf ihn verlassen. Sie wusste seine Qualitäten zu schätzen. Denn er hielt alles fest zusammen. Es gab sogar heute noch ein paar Stücke, in denen er verwendet worden war. Der Stoff war bereits zerschlissen. Doch die Nähte, die mit ihm angefertigt worden waren hielten immer noch.

Was der traurige Faden nicht wusste:

In einer Kiste, nicht weit von ihm entfernt, lag ein Stoff, dem es ähnlich erging wie dem Faden. Zu seiner Zeit war der Stoff hochmodern und beliebt. Doch heute war das nicht mehr so.

Der Stoff war ein Rest aus den Kindertagen seiner Besitzerin. Damals in den siebziger Jahren waren orange, grün und braun sehr beliebt gewesen. Doch heute wollte diese Farben, diese dicke, robuste Stoffqualität niemand mehr haben. Der Stoff wusste, die Zeiten haben sich geändert. Und er hatte seine modernen Zeiten bereits hinter sich gelassen. Der Stoff befand sich zusammen mit anderen kleinen Stoffstücken in seiner Kiste. Stets wurde ein anderer Stoff, ein bunter, ein einfarbiger, ein glänzender oder ein noch ganz anderer Stoff herausgeholt und zu etwas Schönem verarbeitet. Zu jeder Zeit kamen auch neue noch schönere Stoffstücke in seine Kiste. Mal lag der Stoff oben, mal lag er unten, mal einfach mittendrin. Das war davon abhängig, wo er nach der Suche halt landete. „Jetzt braucht mich niemand mehr" dachte der Stoff und legte sich, von der Schönheit der anderen Stoffe beschämt, zur Ruhe.

Bis sich eines Tages sine Kiste wieder öffnete. Er lag oben, das war nach der letzten Suche so geschehen. Der Stoff vernahm geschäftiges Treiben. Garne wurden an ihm vorbeigetragen. Stoffe aus seiner Kiste aus, und wieder eingepackt. Diesmal blieb er oben liegen, als schwer etwas auf ihn herabfiel. Es war der traurige Faden samt seiner Rolle. Der Faden entschuldigte sich sogleich bei dem Stoff, für den ungewollten und harten Aufschlag. Er sei einfach aus der Hand gefallen, da ihn sowieso niemand beachte, sei sein Sturz auch nicht weiter aufgefallen. Noch bevor der Stoff dem Faden antworten konnte, landete noch etwas auf dem Stoff.

Diesmal war es kaum zu spüren, ein sanfter Plumps. Es war eine helle, im Licht funkelnde Perle. Die Kiste wurde geschlossen und gleich beiseite gestellt. Sofort begann die Perle zu protestieren. Sie wollte wieder hier raus. In ihre Kiste zu den anderen Perlen. Sie wollte nicht in dieser Kiste bleiben. Nicht in der Gesellschaft von diesem grässlichen Stoff und diesem noch grässlicheren Faden. Der Faden und der Stoff waren bestürzt. Sahen sie beide wirklich so schrecklich aus? Die Perle registrierte die Reaktion der beiden und setzte sofort nach. „ Im Gegensatz zu euch bin ich wunderschön. Meine Besitzerin nimmt mich oftmals in die Hand. Sie betrachtet mich bei jedem Licht und ich funkele jedes mal ein wenig anders. Sie ist immer wieder total entzückt, wenn sie mich ansieht. Was man von euch beiden ja wohl nicht behaupten kann. Ihr habt ja schon Staub angesetzt. Pfui! Hier will ich nicht bleiben. Ich bin doch neu, ich bin viel schöner als ihr und viel zu jung um meine Zeit mit euch hier zu vertrödeln. Ich will raus in die Welt. Ich will jedem zeigen wie schön ich bin. Ich will jedem zeigen wie besonders ich bin." Doch es nutzte nichts. Niemand vernahm ihren Protest. Die Perle blieb wo sie war.

Den nachfolgenden Satz begann der Stoff: „ Ja du hast recht. Wir sind nicht mehr jung, wir sind nicht mehr modern…. Und der Faden beendete den Satz: „… aber wir sind nach all den Jahren immer noch da." Da war die Perle still. In den folgenden Tagen versuchte die Perle immer wieder sich selbst zu loben, aber der Stoff und der Faden, hörten ihr nicht mehr zu.

62

Da hörten sie alle drei ein lautes Gerumpel und Gemurmel.
Kisten wurden geöffnet und wieder geschlossen.
Hervorgeholt und wieder weggestellt. Sie verstanden auch die
Worte die sie hörten. „ Wo ist sie nur? Wo ist sie nur?" Da
blühte die Perle sichtlich auf. Denn sie war sich sicher, dass
sie gesucht wurde. Mit einem großen Maß an Überheblichkeit
in der Stimme meinte sie: „ Hört ihr, sie vermisst mich. Mich!
Nicht euch." Da öffnete sich die Kiste bereits. Ein
Freudenseufzer war zu hören. „ Seht ihr jetzt wie sehr sie
mich vermisst hat? Ihr Alten. Schämt euch." Mich will sie!
Nicht euch." Und tatsächlich, die Perle wurde vorsichtig
herausgenommen und auf dem Schneidetisch abgelegt. Zur
Überraschung von Stoff und Faden, sie hatten der Perle
bereits geglaubt, griffen beide Hände nacheinander nach
ihnen, dem Faden und dem Stoff. Sie wurden gegriffen und
ebenfalls auf den Schneidetisch gelegt. Das war für beide das
erste Mal seit vielen, vielen Jahren. Sie hatten beide ziemlich
Angst, dass sie doch sogleich wieder in die Kiste befördert
wurden, vor allem jeder in seine. Wo sie doch in der
Zwischenzeit Freunde geworden waren. Da hörten sie wieder
die Stimme ihrer Besitzerin, die etwas laut vorlas. „ Was steht
also in der Ausschreibung? Ein Generationenquilt soll es
werden. Material aus verschiedenen Zeiten sollen verwendet
werden und zusammen eine Einheit ergeben. Na dafür seit ihr
grade richtig." sagte ihre Besitzerin. Der Faden und der Stoff
konnten kaum fassen, was sie da hörten. Zunächst griff sie
nach dem Stoff. (Der sich nicht wehrte). Begutachtete ihn,
ob er wohl noch stabil genug sei. Der Stoff gab alles.

Das war seine Chance. Er straffte alle Fäden, hielt jede gewebte Reihe fest zusammen. Sie war begeistert und das sagte sie auch. Nachdem sie den Stoff gemessen hatte, war sie froh, noch so viel von ihm zu besitzen. Der Stoff wurde begradigt und gebügelt. Danach legte sie ihn auf ein weiches Vlies, worunter sich ein anderer Stoff befand. Ein neuer. Ein einfarbiger. Ein Kumpel aus seiner Kiste. Sie steckte die drei mit Sicherheitsnadeln zusammen und legte sie vorsichtig beiseite.

Danach nahm sie den Faden hoch, der jetzt neugierig, und nicht mehr traurig war. Sie prüfte ihn ebenfalls, ob er wohl noch stabil genug sei. Der Faden gab alles. Er straffte sich und ließ sich nicht zerreißen. Sie war begeistert. Den Faden mit seiner Rolle, das Sandwich mit dem alten Stoff, die Perle und ein wenig nötiges Handwerkszeug brachte sie sogleich in ihr Wohnzimmer. Am Abend begann sie mit ihrer Arbeit. Sie schnitt nach und nach immer wieder ein Stück von dem jetzt glücklichen Faden ab und quiltete damit ihr Sandwich. Auch der Stoff war völlig begeistert. Nur die Perle, die auf dem Wohnzimmertisch lag, gab murrende Geräusche von sich. Je mehr sie gearbeitet hatte, desto mehr war sie sich sicher, dass dieser dicke Faden, mit seiner schrecklichen Farbe, sehr gut zu dem Stoff passte und dem Quilt das Aussehen gab, das er haben sollte. Zuletzt arbeitete sie die Perle auf den Quilt, was dieser gar nicht gut gefiel. Noch dazu setzte sie die Perle auf den ach so grässlichen Stoff und nähte sie mit dem noch grässlicheren Faden an. Die Perle protestierte.

Aber es nutzte ihr nichts. Sie war jetzt auf immer mit dem Stoff und dem Faden verbunden. Anschließend spannte sie den Faden in ihre Nähmaschine ein und befestigte mit ihm das Binding. Von Hand vollendete sie dann ihr Werk, wobei sie einen überwendlichen Stich benutzte, damit der Faden auch richtig zur Geltung kommt. An einem der darauf folgenden Tage reichte sie ihren Quilt zu Ausstellung und Wettbewerb ein. Ihr Quilt gewann zwar nicht den ersten Preis, aber die Kommentare der Ausstellungsbesucher erfreuten den Stoff und den Faden doch sehr. „ Schau mal, dieser Stoff. Den gibt es heute doch gar nicht mehr. Daraus hatten wir früher Vorhänge. Ach wie schön." Oder „ Dieser Faden passt doch perfekt. So eine Qualität gibt es heute doch gar nicht mehr."

So kamen der Stoff und der Faden doch noch zu Ehren. Nur der Perle schenkte kaum jemand Aufmerksamkeit. Sie war zu neu, zu gewöhnlich, jeder konnte sie haben, wenn er wollte.

Nach der Ausstellung hängte sie ihren Quilt in Ihr Nähzimmer über ihren Schneidetisch. Den Rest vom Faden, zusammen mit seiner Rolle befestigte sie an ihrem Quilt. So hängen sie noch heute da und alle Wehmut ist vergessen. Die Perle schmollt immer noch, aber erfährt von Stoff und Faden keine Häme.

Das Quilt – Monster

Petra lebt mit ihrem Mann Manfred, in einem gemütlich
eingerichteten Haus. Dazu gehören ein pflegeleichter Garten,
eine Terrasse und eine mannshohe Hecke, die den Garten
umschließt. Überall im Haus sind Spuren von Petra`s Hobby
zu entdecken. Sie patcht und quiltet leidenschaftlich. So
findet man Läufer auf dem Wohnzimmertisch, Kissen in den
Sesseln, Quilts als Wandbehänge und und und.

Bis zu diesem einen Tag im Juni verlief ihr Leben vollkommen
normal. Doch das sollte sich ändern.

Alles begann damit, dass Petra in ihr Nähzimmer ging, um
einige Teile für ihren nächsten Quilt zu schneiden. Als sie ihr
Nähzimmer betrat, war etwas anders. Etwas störte sie. Das
war`s, ein Quilt lag am Boden. Ein kleiner, der als
Wandbehang gedacht war. Sie überlegte kurz und war der
Ansicht, dass er vielleicht vom Tisch gerutscht sei, nachdem
sie ihn vorgestern dort eilig hingelegt hatte. Also hob sie ihn
auf, faltete ihn zusammen und legte ihn wieder auf den Tisch.
Sie ging ihrem Vorhaben nach, bis sie hörte, dass Manfred
heim kam. Sie räumte noch ihr Nähzimmer auf und ging nach
unten. Der restliche Tag verlief ohne weitere Vorkommnisse.

Am nächsten darauffolgenden Nachmittag kam Petra von der
Arbeit heim, kochte sich einen Kaffee, öffnete die
Terrassentür und ließ die frische Sommerluft herein.

Sie begab sich wiederum in die Küche, holte ihren Kaffee und setzte sich auf die Terrasse, um das schöne Wetter zu genießen. Einige Zeit später kam auch Manfred von der Arbeit. Sie saßen noch eine Weile gemeinsam zusammen und genossen den angenehmen Duft des Sommers.

Zum Abend hin gingen sie in die Küche, um gemeinsam zu kochen. Eine ganze Weile, nachdem sie auch noch gemeinsam gegessen hatten, begab sich Petra in ihr Nähzimmer. Ein Tischläufer hatte einen Fleck bekommen und sie hatte ihn bereits in die Wäschetruhe gelegt. In ihrem Nähzimmer lagerte Petra genug Vorrat an Tischläufern, um sie jeden Tag wechseln zu können.

Als sie ihr Nähzimmer betrat, lag der derselbe Quilt, wie am Tag zuvor, am Boden. Petra war erschrocken. Alles andere in ihrem Nähzimmer war noch an den Stellen zu finden, an denen Petra es hinterlassen hatte. Petra dachte kurz nach und befand, dass Manfred es nicht gewesen sein konnte. Er war vor ihr zur Arbeit gegangen und nach ihr zurückgekommen. Was ging hier vor?

Petra ging wieder nach unten und berichtete ihrem Mann davon. Doch Manfred nahm sie nicht ernst und musste lachen. Petra fand das gar nicht lustig.

Am nächsten Tag lief alles wie am Tag zuvor, und wieder, als sie abends in ihr Nähzimmer ging, lag der Quilt erneut auf dem Boden. Jetzt war auch Manfred verdutzt.

Das Wochenende nahte und die beiden beschlossen, sich auf die Lauer zu legen. Es musste doch eine Erklärung für die mysteriösen Vorgänge geben. Sie postierten sich im Wohnzimmer und am Fuß der Treppe. Das ganze Wochenende geschah rein gar nichts. Der Quilt blieb wo er war.

So war fast eine Woche vergangen, als Kommissar Zufall zur Lösung beitrug. Petra stand in der Küche und hörte von oben Geräusche. Mit einem Besen bewaffnet schlich sie langsam die Treppe herauf. Bemüht kein Geräusch zu verursachen, hatte sie ihre Sandalen abgestreift und lief jetzt barfuss. Als sie durch die Tür ihres Nähzimmers trat, entdeckte sie eine Katze, die sich zusammengerollt auf dem am Boden liegenden Quilt schlief.

Als die Katze sie bemerkte, verschwand diese unter der großen Kommode. Petra wollte nach der Katze sehen, doch diese fauchte sie an. Ihre Augen glühten im Dunkel unter dem Schrank. Petra zog sich daraufhin zurück. Setzte sich in die Küche und beobachtete von hier aus die Treppe und das Wohnzimmer genau. Schnell wie ein geölter Blitz schoss die Katze durch die Terrassentür ins Freie.

Als Manfred von der Arbeit kam, erzählte Petra ihm von ihrer Entdeckung. Manfred musste herzhaft lachen und schlug scherzhaft vor, doch etwas Katzenfutter zu kaufen und zusammen mit einer Schale Wasser auf der Terrasse bereit zu stellen. Petra ging sofort los und setzte seinen Vorschlag in die Tat um.

Sie saßen im Wohnzimmer, die Terrassentür war auf und von draußen war ein leises Geräusch zu hören. Die Katze fraß und trank aus den bereitgestellten Schalen.

Mit der Zeit holten Petra und Manfred die Schalen immer näher an die Terrassentür, legten den Quilt im Wohnzimmer auf dem Boden aus und über die Zeit machte es sich die Katze zur Angewohnheit, morgens auf der Terrasse aufzutauchen und es sich auf dem Quilt im Wohnzimmer gemütlich zu machen. Die Katze verschlief dann den Tag auf ihrem Quilt, bis sie am Abend wieder in die Freiheit verschwand.

So kamen Petra und Manfred doch noch zu dem Haustier, das sie sich so lange gewünscht und doch versagt hatten, aufgrund von Zeitmangel. Noch heute sprechen sie liebevoll von ihrem Quilt – Monster.

Es ist nicht das wonach es aussieht

Nein, nein, ich leide an keiner Sucht!

Ich kann nur die Finger nicht davon lassen.

Nadel und Stoff sind einfach viel zu verlockend.

Du siehst sie und weißt, du musst sie einfach haben.

Du musst sie benutzen.

Kannst das Verlangen nicht unterdrücken.

Ein, zweimal kannst du es noch wagen.

Nur kurz, mal eben, zwischendurch.

Du schaffst das schon.

Du verpasst nicht die Zeit.

Und wenige Minuten später ist alles vergessen.

Jeder gute Vorsatz ist dahin.

Du bist bereits beim vierten Mal,

als die Tür aufgeht

und du in ein ernstes Gesicht blickst.

Du hast den Stoff noch unter der Maschine.

Durch die Geräusche hast du die Tür nicht gehört.

Du weißt, du hast die Zeit vergessen.

Und als Entschuldigung fällt dir nichts besseres ein als:

Es ist nicht das wonach es aussieht!!!

Der neue Wagen

Es war an einem Montag, so gegen 15.00 Uhr.

Luise war recht erstaunt, als sie nach ihrem
Wochenendworkshop zu Hause eintraf. Da stand ein Auto in
der Einfahrt, das ihr nicht bekannt vorkam. Sie sah hinein, ob
sie wohl irgendeinen Hinweis auf den Besitzer dieses Wagens
finden würde. Doch das Einzige, was sie wahrnahm, war ein
gepatchtes Kissen, das dem in ihrem eigenen Wagen doch
sehr ähnlich sah. Zu dem Workshopwochenende war sie mit
dem Zug gefahren, da ihr Wagen doch schon einige Kilometer
mehr auf dem Tacho hatte. Auf Langstrecken erschien er
nicht mehr zuverlässig genug. Luise ging ins Haus. Sie rief,
dass sie wieder da sei. Niemand antwortete. Sie suchte alle
Zimmer auf und zuletzt sah sie in der Garage nach. Sie war ein
wenig traurig. Nicht genug, das ihr Mann nicht daheim war,
die Montage waren doch seine freien Tage und er wusste,
wann sie zurückkommen würde. Sein Auto war nicht da und
ihres ebenfalls nicht. Nur dieser andere fremde Wagen stand
in der Einfahrt. Luise ging wieder ins Haus. Sie räumte
zunächst ihre Tasche aus. Luise bestaunte nochmal ihr Projekt
vom Wochenende und legte es ordentlich beiseite. Sie war
soeben auf dem Weg in die Küche, um sich einen Kaffee zu
kochen und ihren Mann anzurufen, damit sie ihn nach ihrem
und dem fremden Wagen fragen konnte, als sie in diesem

Moment den Schlüssel in der Tür vernahm. Peter, ihr Mann, trat ein und begrüßte Luise freudestrahlend. Luise dagegen war recht ungehalten. So fragte Luise Peter, wo er denn gewesen sei und vor allem, wem denn das Auto in der Einfahrt gehöre und noch wesentlich wichtiger war, wo denn ihr Wagen sei. Peter grinste über das ganze Gesicht. Er bat Luise nach draußen und stellte ihr ihr neues Auto vor. Doch anstatt sich zu freuen, wurde Luise zunächst blass und fing an zu wanken, bis sie schließlich puterrot wurde und vor Wut fast explodierte. Luise ging Peter verbal an und wollte von ihm wissen, ob ihm nicht bewusst wäre, wie wichtig ihr das alte Auto sei. Peter warf ein, bei all den Mängeln habe er sich gedacht, dass ein neuer Wagen für mehr Sicherheit sorgen würde. Die nächste Tüv Überprüfung hätte ihr altes Auto sowieso nicht mehr überlebt. Die Bremsen hätten erneuert werden müssen, Rostlöcher in den Kotflügeln repariert werden und das Getriebe hätte auch gehakt. Der Kofferraum hätte sich auch seit langer Zeit nicht mehr öffnen lassen. Daher habe er ihr dieses neue Auto gekauft. Das alte Auto hätte er beim Schrotthändler zur Verwertung abgegeben. Der hätte ihm den Wagen sogar abgenommen, ohne dafür noch etwas zu verlangen. Luise war merklich wütend, fing aber zu stottern an. Sie versuchte Peter klar zu machen, das noch etwas für sie Wichtiges im Wagen sei, wovon Peter nichts wusste. Er antwortete, er habe das ganze Auto durchsucht und alles herausgenommen. Ihr Kissen liege sogar schon in ihrem neuen Wagen. Der Rest der Sachen befinde sich in der Garage. Luise sah sofort in der Garage nach. Sie beruhigte sich aber nicht, denn dort war nicht das zu finden, was sie so dringend suchte. Stattdessen wollte sie sofort zu dem Schrotthändler, der ihr Auto gekauft hatte. Peter bot ihr sogleich mit schlechtem Gewissen an, sie dort hinzufahren. Luise aber lehnte ab. Sie wolle alleine fahren. Peter ließ sich nicht erweichen. Er hatte doch das ganze Auto durchsucht gab er zu bedenken. Was sie denn dort noch zu finden glaube, wollte Peter wissen, aber Luise antwortete ihm nicht. Nachdem Luise festgestellt hatte, das jeder Widerstand zwecklos war, stimmte sie Peters Vorschlag zu gemeinsam zu fahren. Sie steigen in Luises neues Auto und fuhren sofort los, bevor der Schrottplatz noch zu machte. Beim Schrotthändler angekommen bestand Luise darauf, zunächst alleine in das Büro des Schrotthändlers zu gehen. Peter widersprach ihr nicht. Kurze Zeit später erschien Luise aufgewühlt mit dem Schrottplatzbesitzer aus dessen Büro. Peter blieb am Auto stehen und beobachtete, wie Luise und der Schrotthändler zu einem großen Eisenhaufen gingen, der einmal Luises Auto gewesen sein sollte. Der Wagen hatte bereits die Schrottpresse durchlaufen. Luise ging zu Peter zurück. Bis heute kann Peter nicht genau sagen, ob Luise wütend oder traurig ausgesehen hat. Peter öffnete den Kofferraum des neuen Autos und fragte lächelnd, ob Luise diese wichtigen Dinge aus ihrem alten Wagen vermisst hätte? Luise ging um das Auto und sah in den geöffneten Kofferraum. Nach kurzer Verwirrung juchzte Luise lautstark. Da lag ihr Schatz. Der Stoffvorrat, den sie vor Peter versteckt hatte. Denn er hatte in der Vergangenheit bereits mehrfach angemerkt, dass Luises

Stoffvorrat wohl schon groß genug sei. Luise staunte nicht schlecht. Peter grinste über beide Ohren und gestand Luise ein, dass er schon lange von ihrem geheimen Stoffvorrat wusste. Auch, dass sie einen Ersatzschlüssel für ihren Kofferraum besaß und dass das Schloss keineswegs defekt war. Diesen kleinen Denkzettel habe Luise gebraucht meinte Peter, damit sie nie wieder etwas vor ihm verstecke. von diesem Tag an hatte Luise ein extra aufgestelltes Regal im Keller, in dem Sie ihre Schätze lagerte. Mit ihrem neuen Wagen fährt sie jetzt wieder zu allen Veranstaltungen, die sie besuchen möchte.

Luises Kofferraum ist jetzt wieder frei für ihr Gepäck.

Der Ahnentafelquilt

Es ist bereits Ende Mai. Die zehn Quilterinnen, die sich vor einigen Jahren in der Neubausiedlung zu einer Quiltgruppe zusammengefunden haben, sitzen bei Sarah im Garten. Es ist angenehm warm, die Sonne scheint. Die Stimmung ist ausgelassen. Der Wind rauscht durch die Hecke und trägt den Geruch von frisch gemähtem Gras heran. Katrin nimmt eine „ Nase voll" und genießt den Duft. Mara die zurzeit die Runde leitet, eröffnet das heutige Treffen. „ Beim letzten Treffen haben wir die Wahl getroffen, welchen Quilt wir als nächstes arbeiten wollen. Heute wollen wir die Stoffe für unseren Challenger   festlegen." Die Diskussion über die diversen Farbvarianten verläuft sehr angeregt. Bis Mara zur Abstimmung auffordert. Bisher ist weiß für die Textanteile und möglichen Fotos als Hintergrundstoff der Favorit.

Alle stimmen zu. Danach erneute Diskussion. Schwarz, grün, blau, Spitze, als Ergänzung ? Mara bittet erneut um Ruhe. Alle Quilterinnen sind sich einig, dass sich Schwarz am besten für die benötigten Stege eignet. Susanne wirft ein: „ Aber nur in Verbindung mit Spitze, damit es etwas Romantisches erhält.“ Darauf können sich ebenfalls alle zehn Quilterinnen einigen und stimmen zu. Sarah erklärt sich bereit, den Stoff für alle einzukaufen. Mara signalisiert bei dem notwendigen Stoffkauf behilflich sein zu wollen. Diese Ahnentafeln reichen bis ins 16. Jahrhundert zurück. Um mit dem Platz zu haushalten, einigen sich alle Quilterinnen darauf, nur vier Generationen zurück zu gehen (das sind immerhin 31 benötigte Blöcke ohne die Bilder hinzuzurechnen). Es folgt noch eine weitere Diskussion, wie und wo man die Informationen findet. Sarah und Mara sind mit ihrem Wissen behilflich. Die beiden sind bereits im Besitz einer Ahnentafel, die ihre Eltern bereits vor vielen Jahren erstellt hatten. Nach Beendigung des Treffens verabschieden sich die Quilterinnen und gehen heim.

In vier Wochen soll das nächste Treffen bei Mara stattfinden. Bis dahin wollen sich alle bereits so viele Informationen wie möglich beschafft haben.

Die nächsten Wochen:

Acht Damen machen sich an die Beschaffung der notwendigen Informationen. Dabei stellen sie fest, dass das mitunter gar nicht so einfach ist. Die Städte, in denen sie geboren worden sind, waren nicht weit entfernt, aber ihre Vorfahren wurden teilweise in viel weiter entfernten Städten geboren. Sie müssen sich entscheiden. Entweder nehmen sie eine lange Fahrt auf sich, ohne überhaupt zu wissen, ob sie Erfolg haben werden oder sie wählen den Briefverkehr. Alle entscheiden sich für den Briefverkehr, auch wenn dieser

länger dauert.

Das nächste Treffen vier Wochen später,

bei Mara im Garten. Alle Quilterinnen sitzen zusammen,

sechs von ihnen haben bereits zwei Generationen ermittelt,

zwei weitere haben bereits drei Generationen mit Hilfe ihrer

Eltern erreicht. Diese hatten noch alte Stammbücher. Auch

einige Bilder waren dabei. Sarah hat zusammen mit Mara

den benötigten Stoff eingekauft und für alle, nach deren

Bestellung, vorsortiert. Sie verteilt diese Pakete so gleich.

Mara war noch in weiterer Hinsicht tätig. Sie hat einige

Vorschläge für Ahnentafelquilts besorgt, die lediglich als

Anregung dienen sollen, denn schließlich ist das Vorhaben ja,

das jede Quilterin ihren Quilt nach eigenen Vorstellungen

arbeitet. Nur die Größe der für Bilder und Urkunden

vorgesehen Blöcke haben alle gemeinsam bereits festgelegt.

Die Runde diskutiert noch darüber, wann und wo sie die

Quilts ausstellen wollen. Der Beschluss ist schnell und

einheitlich gefasst. Mindestens beim nächsten Siedlungsfest.

Alles andere ergebe sich von alleine. So endet auch dieses

Treffen.

Vier Wochen später bei Katrin im Garten.

Mara hat eine Druckerei gefunden, die alle Dokumente und

Bilder zu einem günstigen Preis, in entsprechender Größe auf

die vorbereiteten Blöcke druckt. Mara nimmt alle

gesammelten Unterlagen entgegen. Sie hat sich bereit erklärt

den Versand zu übernehmen. Am nächsten Tag verschickt

Mara, nach Namen sortiert alle Unterlagen und Bilder an die

Druckerei. Bereits eine Woche später erhält Mara einen

Antwortbrief. Für eine Rechnung ist er zu dünn. Außerdem

sind die Blöcke nicht dabei. Umso überraschter ist Mara, als

sie den Brief liest. Dort steht geschrieben: Möchten sie, das

die Daten von Familie W….. wirklich zweimal gedruckt

werden? Uns Ist sehr daran gelegen mögliche Fehler und

Kosten zu ihren Lasten zu vermeiden. Mara ruft direkt in der

Druckerei an und lässt sich die Situation erklären. Nachdem

sie erfahren hat, dass ein und dieselben Personen in

unterschiedlichen Unterlagen auftauchen, bei wem genau

konnte man ihr spontan nicht erklären, gab Mara den

Auftrag, die Blöcke bitte so zu drucken, wie sie in der

Druckerei vorliegen. Mara begann sofort wieder zu

telefonieren und fragte bei allen anderen Quilterinnen nach

ihren Vorfahren, mit der Begründung dass es Probleme beim

Druck gebe. Sie verriet niemandem etwas von der

Namensdoppelung und gab auch keine weitere Erklärung.

Eine weitere Woche später trifft das Paket aus der Druckerei

bei Mara ein. Sortiert nach den Quilterinnen sind die Blöcke

abgepackt. Mara beginnt sogleich, die Blöcke persönlich zu

verteilen und sagt gleichzeitig das nächste Treffen ab, damit

alle direkt an die Arbeit gehen können. Außerdem verhindert

sie so, dass das Geheimnis vorzeitig aufgedeckt wird.

Weitere vier Wochen später:

Dieses Treffen findet diesmal bei Susanne statt. Alle

Quilterinnen sind soweit, dass sie ihre Sandwiches gesteckt

haben. Das heutige Treffen ist für das gemeinsame Quilten

vorgesehen. Während des Treffens stellt jede Quilterin ihre

Variante des Ahnentafelquilt vor. Brigitte wird stutzig, als sie

Monikas Quilt betrachtet. Irgendetwas erregt ihre

Aufmerksamkeit. Brigitte begibt sich mit ihrem Quilt zu

Monika. Mara gesellt sich vollkommen unauffällig hinzu. „ Na vergleicht ihr bereits eure Arbeiten?" fragt Mara. Brigitte

sieht verdutzt nach oben. „ Da ist etwas, das mich irritiert."

stellt Brigitte fest. „ Ich weiß aber nicht, was es ist." Die

anderen Quilterinnen sind interessiert, was denn da wohl vor

sich geht und erscheinen ebenfalls. „ In der letzten Reihe?"

fragt Mara mit fast schon scheinheiliger Stimme. Während

Brigitte und Monika gemeinsam ihre Quilts betrachten,

stellen sie fest, dass sie gemeinsame Vorfahren haben. Sie

rechnen spontan nach und stellen fest, dass sie Cousinen

vierten Grades sind. Helle Aufregung und der Austausch von

Familiengeschichten, die sie von ihren Verwandten erfahren

haben, findet statt. Sarah schlägt vor, während der

Ausstellung ein Suchspiel zu starten. Wer die Gemeinsamkeit

in den Quilts findet, soll ein Nadelkissen erhalten. Die

Ausstellung mit dem Suchspiel wurde ein voller Erfolg. Zum

Glück hatten sie ausreichend viele Nadelkissen vorbereitet.

Brigitte und Monika verbringen seit dem noch mehr Zeit miteinander.

Die Rückkehr

Ariane bemühte sich schon seit drei Jahren, den Quilt, den sie auf dem Foto betrachtete, nachzunähen. Die Muster waren nicht das Problem, aber die passenden Stoffe zu finden war eines. Egal ob die bedruckten oder einfarbigen Stoffe. Auch die Qualität in damaliger Zeit war eine andere. Bisher hatte sie nicht einen Stoff finden können, der auch nur annähernd die Qualität aufwies oder Ähnlichkeit hatte mit den Stoffen, die sie suchte. Ariane begab sich auf jeden Flohmarkt, Antikmarkt, Stoffmarkt, ja auf jeden Markt auf dem sie auch nur den Hauch einer Chance vermutete, einen passenden Stoff zu finden. Dieses Mal war es bereits ihr fünfter Versuch, den Quilt nachzunähen in den vergangenen drei Jahren und auch dieser war ihr nicht gelungen. Original ist eben Original dachte Ariane so bei sich. Sie legte traurig das Foto, eines der ersten Farbfotos überhaupt, beiseite.

Immer wenn Ariane dieses Bild betrachtete, erschien ihre Großmutter Esther vor ihrem geistigen Auge. Esther nahm den Familienquilt aus ihrem Kleiderschrank und breitete ihn auf ihrem Bett aus. Das tat Esther nur einmal im Jahr. Dieser besondere Tag war ihr Hochzeitstag. Albert ihr Mann war schon vor einigen Jahre verstorben, aber Esther glaubte immer noch, seinen Geruch an diesem Quilt wahrnehmen zu können.

Der Familienquilt hatte immer wieder zu Steitigkeiten geführt. Denn Elisabeth war fest davon überzeugt, dass ihr der Familienquilt zugestanden hätte, denn es war Tradition, dass dieser Quilt an die zuerst verheiratete Tochter weitergegeben wurde. Da Elisabeth die älteste Tochter war, hatte sie sich auch als erste Tochter verlobt. Das Problem war nur, dass ihr Verlobter im Krieg gefallen war. Er wurde zum Militärdienst eingezogen, bevor er Elisabeth heiraten konnte.

Elisabeth sprach trotzdem immer von ihrem Mann. Esther entgegnete jedes Mal: „ Dein Verlobter, meine Liebe! Dein Verlobter!" Dieser Streit ließ die Emotionen immer wieder hochkochen. Schließlich hatte der Famileinquilt alle Wirren des Krieges überstanden. Selbst die Bombenhagel und die Umsiedlung zu Verwandten in weniger kriegswichtige Regionen. Dieser Quilt war der Schatz der Familie und so wurde er auch gehütet.

In den Nachkriegsjahren hatte Esther Albert kennengelernt. Es war Liebe auf den ersten Blick. Sie heirateten alsbald und so erhielt Esther den Familienquilt, bevor Elisabeth geheiratet hatte. Diese Entscheidung wollte Elisabeth nicht akzeptieren, da sie sich ja bereits vor Esther verlobt hatte, mit „Ihrem Mann".

Albert und Esther führten eine durch und durch glückliche Ehe, bis Albert verstarb. Aus ihrer Ehe war Erika hervorgegangen, ihre einzige Tochter. Erika hatte den Familienquilt bei ihrer Hochzeit abgelehnt und Ihrer Mutter

zur weiteren Verwahrung überlassen, um
dieFamilienstreitigkeiten nicht noch zu verschärfen.

Vor zwei Jahren erkranke Esther ernsthaft. Kurze Zeit bevor
sich Esther zum letzten Mal ins Krankenhaus begab, hatte
sich der Streit zwischen Esther und Elisabeth noch verschärft.
Elisabeth ließ keinen Zweifel daran, dass sie den Quilt auf
jeden Fall an sich bringen würde, wenn sich die Gelegenheit
dazu ergebe. So hatte Esther wohl beschlossen, den Quilt in
„Sicherheit" zu bringen und gab ihn zur Verwahrung fort, weil
ihn später Ariane erhalten sollte. Esther hoffte, so die
Familienstreitigkeiten einzudämmen, aber das Gegenteil war
der Fall. Kurze Zeit später verstarb Esther an ihrer Krankheit
und der Quilt blieb verschollen Die Familie entzweite sich
noch mehr und niemand sprach mehr ein Wort miteinander.
Esther hatte ihr Geheimnis vor drei Jahren mit in ihr Grab
genommen.

Ariane legte ihre Stoffe beiseite und setzte sich an ihren
Computer. Sie öffnete ihre Lieblingsseite im Netz, die sie extra
markiert hatte. Hier fand sie fast alle stattfinde Floh- und
Antikmärkte. Ariane wurde fündig. Am nächsten
Wochenende war tatsächlich ein Antikmarkt ganz in ihrer
Nähe geplant.

Am nächsten Samstag auf dem Antikmarkt:

Ariane fand sich auf dem Antikmarkt ein. Trotz aller
Hoffnungslosigkeit, zog es sie doch immer wieder dorthin. Es
war für Ariane zu einer Art Obsession geworden. Ariane war
bereits zwei Stunden erfolglos über den Antikmarkt
geschlendert, als ihr Auge etwas Ungewöhnliches erblickte.
Sie sah noch einmal hin und noch einmal. Ariane traute ihren
Augen kaum. Sie ging näher an den Stand heran. Der Händler
hinter dem Stand begrüßte Ariane sofort sehr wohlwollend,
fast schon überschwänglich. Ariane sah hoch und schaute in
ein rundlich rotes, breit grinsendes Gesicht. Eine Zahnlücke
zwischen den Schneidezähnen machte ihn nicht grade
sympathischer. Er fragte sogleich, was er ihr denn wohl zeigen
dürfte. Ariane erkundigte sich sogleich nach dem vor ihr
liegenden Quilt.

Der Händler pries den Quilt sogleich als ein ganz besonderes
Stück an. Er habe ihn von jemandem erhalten, der sich mit
alten Dingen beschäftige, aber für diesen Quilt habe er keine
Verwendung gehabt und bevor er in die Altkleidersammlung
gehen würde, habe er ihn übernommen. Aufgrund der Stoffe
müsse er doch schon ziemlich alt sein. Solche Stoffe würde
man heute gar nicht mehr finden. Ariane wollte wissen, ob
der Händler denn noch mehr Informationen zu dem Quilt
hätte. Der Händler gestand ein, nicht weiter danach gefragt
zu haben. Ariane fasste den Quilt an und ihr Gesicht erhielt

einen verträumten Blick. Daraufhin veränderte sich auch das Gesicht des Händlers, der jetzt misstrauisch dreinschaute. Der Händler fragte Ariane offen heraus, warum Ariane das denn so genau wissen wolle. Welchen Verdacht der Händler hegte, konnte Ariane nur erahnen. Sie war sich spontan sicher, sie musste die Situation entschärfen, sonst blieb der Händler verschlossen. Ariane kramte ihr Bild vom Quilt aus der Handtasche und zeigte es dem Händler. Er starrte gebannt auf das Foto, dann auf den Quilt, dann wieder auf das Foto. Als Ariane dann fragte ob sie sich die Rückseite des Quilts ansehen dürfte, war der Händler völlig verdutzt. Eine leichte Spur von Unsicherheit huschte über sein Gesicht. Er wollte wissen, was sie denn dort zu finden glaube. Die Initialen ihrer Mutter gab Ariane zurück. Da nahm der Händler den Quilt sofort von seinem Tisch und wollte ihn bereits verstauen, mit der Anmerkung, er sei unverkäuflich und der Quilt habe sowieso nur zur Dekoration dort gelegen. Ariane bat ihn eindringlich, mit Tränen in den Augen ihn nicht wieder wegzunehmen. Die Tränen flossen und Ariane ging in die Hocke, da sie Angst hatte, dass ihr die Beine weich werden würden. Der Händler kam hinter dem Tisch hervor. Er führte Ariane um seinen Tisch herum und bot ihr einen Kaffee an, nachdem sie sich auf seinen Stuhl gesetzt hatte. Ariane berichtete ausführlich ihre Familiengeschichte und wie lange sie diesen Quilt schon suche oder aber Stoffe, um ihn nacharbeiten zu können. Der Händler hörte Ariane gebannt zu, den Quilt immer noch in den Händen haltend. Er macht nach Arianes Beendigung der Geschichte seiner Befürchtung

Luft. Er habe vermutet, dass der Quilt vielleicht einmal gestohlen worden war und er jetzt als Hehler gelten könnte. Er gab zu, dass Arianes Geschichte ziemlich bewegend wäre.

Der Händler wurde aber sogleich wieder ganz Händler und meinte, er habe schon eine kleine Stange Geld für diesen Quilt bezahlt, weil man so etwas ja nicht so oft in die Finger bekommt, die Nachfrage aber gegeben sei. Ariane gab sofort zurück, dass sie seinen Preis schon zahlen würde, wenn sie nur die Initialen ihrer Großmutter auf der Rückseite finden würde. Gemeinsam drehten Ariane und der Händler den Quilt um. Gespannt gingen sie gemeinsam auf die Suche. Da waren sie, die Initialen ihrer Großmutter. Ein E und ein M. Sie standen für Esther Montag. Zusätzlich fanden sie weitere Initialen, die von den vorherigen Generationen eingestickt worden waren. Ariane bat den Händler, doch mit seinem Zulieferer zu telefonieren, ob er nicht noch mehr zu dem Quilt wusste. Ariane bat den Händler sehr eindringlich aber gleichzeitig auch schon fast flehend. Wo war der Quilt in all der Zeit? Gab es noch jemanden der ihr etwas zu dem Quilt erzählen konnte, und und und. Der Händler zückte widerwillig sein Mobiltelefon und rief den Haushaltsauflöser an, von dem er diesen Quilt erhalten hatte. Nachdem der Händler aufgelegt hatte, musste er Ariane enttäuschen. In der Zeit, als der der Quilt abgeholt wurde, wurden zu viele Haushalte aufgelöst um sich noch an seine Herkunft zu erinnern. Auch die wenigen Namen, die der Händler Ariane nennen konnte, halfen nicht weiter, denn keiner von ihnen war Ariane bekannt. Somit blieb dieser Teil der Geschichte des Quilt im Dunkeln. Ariane bezahlte, ohne zu verhandeln den Preis, den der Händler forderte. Griff sich überglücklich den Quilt und fuhr heim. Zuhause angekommen vermied sie es, dass irgendjemand sehen konnte, dass sie etwas gekauft hatte. Sie begab sich sofort in ihr Schlafzimmer und verschloss die Tür.

Nach einer Stunde rief Ariane ihre Tochter Betty an und bat sie mit verschwörerischer Stimme, sobald als möglich zu kommen. In der Zwischenzeit war auch Peter, Arianes Mann nach Hause gekommen. Er bewunderte ebenfalls den Quilt und beglückwünschte Ariane zu ihrer beharrlichen Suche. Als Betty eintraf führte Ariane sie ins verdunkelte Schlafzimmer, was Betty noch mehr irritierte, da der Anruf ihrer Mutter schon so verschwörerisch klang. Der Quilt lag ausgebreitet auf dem Bett und Ariane schaltete das Licht an. Betty staunte nicht schlecht, als sie sah was da vor ihr lag. Gemeinsam feierten sie die Rückkehr des verloren geglaubten Quilt. Sie beschlossen, die Familientradition fortzusetzen. Sobald Betty heiraten würde werde sie diesen Quilt erhalten. Gleichzeitig beschlossen sie aber, den Fund des Quilt geheim zu halten und die Tradition im Stillen, ohne große Übergabe wie früher üblich zu vollziehen. Jeder weiteren Braut werde jedoch die Geschichte in Vollständigkeit erzählt und gleichzeitig das Versprechen abgenommen, die Tradition in dieser Weise fortzusetzen.

Der verschollene Schatz

Michaela stellt fest, das jetzt jeder Raum von Großmutter
Rosi`s Haus und jeder Schrank aussortiert worden sei.
Michaela ist Rosis Enkelin. Rosi meinte, das ihr vor dem noch
ausstehenden Dachboden grause. Da alles bisher so gut
gelaufen sei, ist Michaela zuversichtlich, dass Rosi sich keine
Gedanken zu machen brauche. Ihr grause es nicht vor der
Arbeit, aber vor der Zeit, gesteht Rosi. Es werde schon nicht
so lange dauern meinte Michaela. Doch diese Zeit meinte ihre
Großmutter gar nicht. Sie meint die Zeitreise, auf die sie sich
damit begeben würde. Die vielen Erinnerungen. Die vielen
Geschichten ihres Lebens. Michaela gab ihrer Großmutter in
diesem Zusammenhang zu verstehen, dass sie sowieso total
mutig sei. Rosi war sich bewusst, worauf Michaela anspielte.
Rosi hatte sich entschlossen, aus ihrem Haus auszuziehen, in
dem sie bisher so glücklich gelebt hatte. Rosi stellte sich die
Frage: war das mutig oder vernünftig? Der Haushalt war ihr
mittlerweile einfach zu groß geworden, für sie alleine. Dazu
kam der große Garten. Das Obst blieb auf der Wiese liegen,
denn sie schaffte es nicht mehr das Obst einzukochen oder
auf sonstige Art und Weise zu verarbeiten. Der Gärtner kam
mehrfach im Sommer, aber das reichte ihr für die gewünschte
Ordnung nicht aus. Rosis Tochter Petra und auch Michaela
halfen ihr so oft es ging, aber auch sie mussten noch
arbeitenund hatten selbst Familie. So war es mutig und
vernünftig zugleich das Haus aufzugeben, bescheinigte sich

Rosi selbst. So hatte sie sich entschieden, in eine Mietwohnung zu ziehen. Rosi war noch sehr rüstig für ihr Alter. Aber es war auch schon gut zu wissen, dass einem die schweren Arbeiten abgenommen würden, denn in dem Haus, in das Rosi ziehen würde, würde alles übernommen werden. Vom Treppenflur bis zu Garten. Michaela unterbrach Rosi in ihren Gedanken mit der ersten Kiste, die sie vom Dachboden heruntergeholt hatte. Rosi sah sich den Karton gebannt an und war gespannt, was sie wohl darin vorfinden würde. Rosi öffnete die Kiste und erzählte bei fast jedem Teil, das sie in die Hand nahm, die passende Geschichte. Manche Geschichten erzählte Rosi nicht. Aber ihr Gesichtsausdruck erzählte doch so einiges. Mal sah sie fröhlich, mal traurig, mal auch wütend aus. Sie trennte sich von vielen Dingen aus ihrer Vergangenheit, die sie nicht mehr benötigte.

Drei Tage später:

Michaela meinte, sie hätten jetzt den halben Dachboden ausgeräumt. Da brachte sie zusammen mit Frank, ihrem Mann eine schwere Holzkiste herunter. Rosi staunte nicht schlecht. An diese Kiste hatte sie seit langer Zeit nicht mehr gedacht. Michaela fragte nach, was es denn für eine Kiste sei. Rosi gab zur Antwort, dass es ihre Aussteuerkiste sei. Michaela und Frank schauten etwas verdutzt. Rosi fuhr gedankenverloren fort, das es so etwas heute ja gar nicht mehr gebe. Das sei früher halt so üblich gewesen, das jedes Junge Mädchen Tischwäsche, Handtücher Bettwäsche usw. für die spätere Hochzeit zurücklegten. In dieser Kiste dürfte sich noch so einiges befinden. Nicht nur das massive Holz mache das Gewicht der Kiste aus.Rosi öffnete die Kiste und war recht erstaunt. Das erste was sie sah, war noch vollkommen intakte Wäsche. Weißer Damast. Tischwäsche, Decken und Servietten. Bettwäschegarnituren kamen zum Vorschein. Taschentücher mit eingesticktem Monogramm. Küchentücher und ganz unten lag ein Sack aus Leinen. Der passte so gar nicht ins Bild. Rosi konnte sich trotz aller Anstrengung nicht erinnern, was wohl darin sein mochte. Als sie den Sack öffnete, wurde ihr Gesicht ganz weiß. Wie konnte sie das nur vergessen haben. Ihre Enkelin und deren Mann schauten ebenfalls verwundert, als sie sahen was da zum Vorschein kam. Ein großes Stück Stoff, aus vielen kleinen Stücken Stoff.

Als Rosi sich wieder gefasst hatte, erklärte sie, was sie da in den Händen hielt. In den Jahren nach dem Krieg war sie ein junges Mädchen. Sie hatte Kontakt zu den Amerikanern. Zu einer Frau, an dessen Namen sie sich bei bestem Willen nicht mehr erinnern konnte, hatte sie ein besonders inniges Verhältnis. Eines Tages erzählte diese Frau ihr vom Patchwork und vom Quilten. Sie sprach sehr oft von einem „Dear Jane" Quilt, der aus tausenden von kleinen Stoffresten gearbeitet war. So kam Rosi die Idee, etwas Ähnliches zu arbeiten. Defekte Kleidungsstücke, die nicht mehr zu reparieren waren, gab es damals genug. Nur zu wenig zum Anziehen. Rosi sammelte alle Stoffreste, die sie finden konnte. Gemeinsam mit der Amerikanerin, an dessen Namen sie sich nicht mehr erinnern konnte, begann sie diesen Quilt zu nähen. Jede Naht von Hand. Es wurde kaum das gleiche Garn verwendet, denn die Zeiten waren mager. Dann bekam sie Arbeit, hatte immer weniger Zeit zu nähen. Danach trat ihr mittlerweile verstorbener Mann in ihr Leben, und so beendete sie zwar das Plaid, aber arbeitete nicht weiter daran. Alsbald wurde ihre Tochter geboren. Die Zeiten wurden besser. Von ihrer Aussteuer hatte sie kaum die Hälfte benötigt. Die andere Hälfte stand jetzt vor ihnen. Nun erinnerte Rosi sich auch wieder daran, dass sie ihr Nähprojekt zum Schutz in diesen Leinensack unter die Aussteuer gelegt hatte. Alle gemeinsam bestaunten sie das Plaid, das nun über das Sofa ausgebreitet vor ihnen lag. Es war kein „Dear Jane", aber die Idee dafür war die gleiche. Michaele versprach ihrer Großmutter Rosi, ihr nach dem Umzug bei der Fertigstellung zu helfen. Einige Zeit später, nachdem der Umzug erfolgt und Rosi sich ein wenig eingelebt hatte, machten sich Michaela und Großmutter Rosi gemeinsam auf die Suche nach passendem Stoff für die Rückseite und das Binding. Auf Flohmärkten und an Ständen bei Patchworkveranstaltungen und auf Stoffmärkten fanden sie dann den passenden Stoff. Michaela und Rosi setzten sich gemeinsam an die Nähmaschine und brachten das Rückteil zusammen. Sie steckten gemeinsam den Quilt und gaben ihn zum Quilten. Sie hatten gesucht, bis sie eine Quilterin mit einer Longarm Quiltmaschine gefunden hatten. Sie erklärten ihr welches Muster sie sich vorstellten. Die Quilterin nahm sich mehr als ausreichend Zeit um an diesen besonderen Quilt zu arbeiten. Als sie fertig war, war sie selbst begeistert, von dem fertigen Projekt. Rosi und Michaela vollendeten den Quilt gemeinsam. Heute liegt der Quilt bei Rosi, als Tagesdecke auf dem Bett. Immer wenn sie einschläft, erinnert Rosi sich jetzt an ihre Jugend. Den Quilt wird irgendwann Michaela erben. Hoffentlich noch nicht sobald.

Advent Advent

Ein Quilter rennt.

Die Zeit die naht,

wo er sich bahnt,

den Weg zu dem Regale,

er sucht nicht das Banale.

Den Stoff, den er hier fleißig sucht,

hat in Gedanken er versucht,

sich vorzustellen und beschreiben,

wirft sich in das volle Treiben.

Für das Projekt, das er geplant,

er hat`s ja schon geahnt,

gibt es den Stoff nicht, den er braucht.

Da ist der Wunsch schon fast verraucht.

Ein andrer Stoff, zieht in den Bann,

von dem er jetzt nicht lassen kann.

Er rechnet hin, er rechnet her,

der Rest vom Stoff, der reicht nicht mehr.

Die Lösung ist doch schnell gefunden.

Etwas Passendes wird das Bild abrunden.

So ist er weiter auf der Jagd

und ist am Ende doch geplagt.

Trotzdem glücklich und zufrieden,

etwas Passendes zu kriegen.

Gekauft, gewaschen und genäht,

das Projekt jetzt vor ihm steht.

Der Aha – Effekt, den jeder kennt,

der funktioniert auch im Advent.

Großmutters Quilt

In einer Zeit der wirtschaftlichen Rezession lebte eine Frau mittleren Alters. Sie war gerade frisch geschieden, hatte ihren Arbeitsplatz verloren und finanziell ging es ihr auch nicht gut. Sie hatte außerdem ihre Familie und ihr Haus verloren. Aber ihren Stolz, ihren Mut und ihre Hoffnung hatte sie sich bewahrt.

Und für ihr Hobby hatte sie so einiges retten können. So hatte sie noch ihre komplette Nähausstattung und reichlich Stoff. Um den Tag nicht völlig sinnlos zu vertrödeln, setzte sie sich an die Nähmaschine und fertigte Quilt um Quilt. Zeit hatte sie ja genug. Als so einige Quilts fertig waren, begab sie sich auf einen Künstlermarkt und nahm auch ihren ganzen Stolz, den

Quilt ihrer Großmutter mit. Den hatte sie zur Hochzeit von ihrer Großmutter zu ihrer Hochzeit geschenkt bekommen. Dieser Quilt war niemals gebraucht und das er noch nie gebraucht war, das sah man ihm auch an.

Ebenfalls diesen Quilt stellte sie zur Schau und er faszinierte einen um den anderen Besucher. Ein Herr, mit Anzug, Krawatte und teurer Uhr interessierte sich besonders für diesen Quilt. Er bedrängte sie gleich von Anfang an, ihm doch dieses gute Stück zu verkaufen. Sie lehnte ab. Er kam zu jedem weiteren Markt, auf dem sie einen Stand hatte. Sie verkaufte nicht einen Quilt.- Dafür wuchs aber ihre finanzielle Bedrängnis, denn die Standmieten fraßen ihre letzten Geldreserven auf.

Auch dieses Mal war wieder derselbe Herr wieder zugegen und er bedrängte sie abermals, ihm den Quilt zu verkaufen. Als dann die Standmiete verlangt wurde stellte sie fest, dass sie diese nicht entrichten konnte. Ihr blieb nichts anderes übrig als den geliebten Quilt ihrer Großmutter an den Herrn zu verkaufen, um einer Strafe zu entgehen.

So vergingen zwei Wochen voller Traurigkeit, bis es an ihrer Tür klingelte und der elegante Herr vor ihr stand. Er beschwerte sich heftig. Dies sei das schlechteste Geschäft, dass er je gemacht hätte. Sie war verwundert und fragte nach dem warum. Da bekam sie zur Antwort, der Quilt würde nicht wärmen, sondern kühlen, er wäre nicht flauschig, sondern kratzig, er wäre nicht leicht, sondern er würde ihn erdrücken. Der Herr warf ihr den Quilt vor die Füße und verschwand. Auf nimmer wiedersehen.

Überglücklich nahm sie den Quilt ihrer Großmutter wieder an sich. Er war warm, er war weich, er war so leicht.

Diesmal sparte sie sich das Geld für ihren nächsten Stand zusammen. Sie buchte einen Platz auf einem Weihnachtsmarkt. Der Verkauf wurde ein voller Erfolg. Am Ende des Tages hatte sie alle ihre Quilts verkauft. Alle? Nein, den Quilt ihrer Großmutter natürlich nicht.

Auf dem Heimweg setzte plötzlich heftiges Schneetreiben ein. Es wurde bitterkalt. Sie konnte kaum noch etwas sehen. Da entdeckte sie im Park, den sie durchqueren musste, eine Gestalt im Schnee liegen. Es war ein Mann, bewusstlos und er hatte schon blaue Lippe. Ohne nachzudenken holte sie den Quilt ihrer Großmutter hervor, bedeckte den im Schnee liegenden Mann damit und hielt ihn warm bis der Rettungsdienst eintraf, den sie zuvor herbeigerufen hatte. Der Mann kam in ein Krankenhaus und sie ging zufrieden nach Haus.

Nach zwei Wochen, sie hatte das Geschehen im Park schon wieder vergessen, da läutete es an ihrer Tür. Ein fremder Mann stand davor und sie erschrak. Er fragte, ob sie die Frau mit dem Quilt aus dem Park sei? Sie dachte kurz nach und antwortete ja. Nun erkannte sie auch wieder sein Gesicht. Er schaute sich etwas unbehaglich im Treppenflur um und sie bat ihn herein. Er erzählt ihr, dass er im Park ganz unvermittelt zusammengebrochen sei und sie ihm mit ihrem Quilt das Leben gerettet hätte. Dafür wollte er sich bedanken. Die Unterhaltung der beiden dauerte eine ganze Weile und sie erzählte ihm ihre Geschichte.

Daraufhin gab er ihr zunächst einen Job in seiner Firma und aus der anfänglichen Kollegialität wurde Liebe. Heute wärmt der Quilt kuschelig und weich sie beide.

Jetzt verstand sie ihre Großmutter wirklich, die damals zu ihr sagte, dass zum Gebrauch schon der Richtige unter diesen Quilt käme.

Wenn`s draußen schneit

Wenn ´s draußen schneit,

der Stoff dich freit.

Dann setz dich dran,

und mit Elan,

ist Stich für Stich,

ein Stück für dich,

der Block genäht,

und er verrät.

Die Zeit ist da,

ist es nicht wunderbar.

Die Zeit zu nähen,

sich ergehen,

in der Stoffe Vielfalt Schwelgen,

an die Arbeit nicht zu denken.

Nur das Weiß am Fensterbrett

Weckt den Wunsch der bald perfekt,

in meinen Armen sich erstreckt.

Wenn er mit Zierde dann versehen,

ist`s vollends dann um mich geschehen.

Mit funkelnd glühenden Augen,

kann ich ihn dann nur bestaunen.

So schön wie ein Geschenk unter`m Weihnachtsbaum,

ist es dann ihn anzuschaun.

So wirkt die Zeit von weißer Pracht,

wie für uns Quilter, ausgedacht.

Wenn`s draußen schneit,

der Stoff dich freit,

dann setz dich ran,

mit viel Elan.

Alle Jahre wieder

Das Schneeweiß bringt es jetzt zu Tage,

was ich mir vornehm all die Jahre.

Den Weihnachtsquilt für Tante Grete,

es fehlen nur noch alle Nähte.

Die Stoffe liegen längst bereit,

sie sind extra groß, einen Meter sechzig breit.

Geschnitten ist…….

Dezember

Es ist der Abend des 27.12. Es ist 20.15 Uhr und im Fernsehen läuft die, ich weiß nicht wievielte Wiederholung des Weihnachtsfilms. Ich will mich jetzt berieseln lassen. Zur Ruhe kommen. Weihnachten ist vorbei. Um etwas Einfaches zu arbeiten, sticke ich an einem Tassenuntersetzer. Da fällt mir ein, was ich schon wieder nicht geschafft habe. Den Quilt für Tante Grete. Das war doch letztes Jahr schon so. Die Entscheidung steht fest. Am ersten Januar lege ich sofort los und nichts kann mich abhalten.

Januar

Es ist der Nachmittag des ersten Januar, 15.10 Uhr. Ich habe ausgeschlafen, alle Neujahrsglückwünsche sind abtelefoniert, gemailt, persönlich ausgesprochen. Jetzt lege ich los, mit dem Quilt für Tante Grete. Als ich den Stoff in die Hand nehme fällt etwas aus dem Regal. Ich bücke mich danach. Es kann ja nicht einfach liegen bleiben. Da erkenne ich, was es ist. Lege den Stoff wieder ins Regal und stelle fest, dass es die Anleitung ist, die ich im letzten Jahr so verzweifelt gesucht habe. Die dazugehörigen Schablonen liegen dabei. Es wird Ende Januar und ich stelle fest: mein Sandwich ist

fertig, aber für Tante Grete habe ich noch nicht
gearbeitet.

Februar

Über meine Arbeit an meinem letzten Projekt, habe ich ganz
vergessen, die letzte Patchworkzeitung zu lesen. Da muss ich
aber noch reinschauen. Ich finde die Ankündigung für
Aschaffenburg. Da muss ich hin. Also zum Terminplaner. Nur
noch zwei Tage. Da fällt mir ein, dass ich dort nach den
Stoffen für Onkel Hermann`s Wintergarten schauen wollte.
Kissen wollte ich ihm nähen, einen Sitzbezug für die Bank und
und und. Also lege ich los, errechne den Materialbedarf und
stecke den Zettel zur Sicherheit sofort in mein Portemonnaie.

Auf dem Main - -Quilt – Festival angekommen ist es der dritte
Stand, den ich besuche. Da erblickt mein Auge einen Stoff,
von dem ich mich nicht mehr lösen kann. In kurzer Zeit
befindet sich vor meinem geistigen Auge das fertige Projekt.
Ich schlage zu. In der restlichen Zeit und übrigen Ladenstraße
halte ich nach den passenden Beistoffen Ausschau. Ich
werde fündig. Wieder zuhause angekommen, geht es
sogleich an die Vorbereitungen. Stoff für Onkel Hermann
habe ich nicht mitgebracht. Der Februar ist zu Ende und ich
stelle fest, für Tante Grete habe ich auch noch nicht genäht.
Ich habe ja noch Zeit.

März

Es ist schon fast Mitte März. Jede freie Minute habe ich für
mein Projekt genutzt und bin auch schon weit gekommen. Da
fällt mein Blick auf den Terminplaner. Ich stelle fest, die
Creativa steht an. Um alle Stände und Ausstellungen
besuchen zu können, rechne ich sicherheitshalber zwei Tage
ein. Dort gibt es auch Stoffe zum Kilopreis, hübsche Stoffe.
Ich bin mir noch nicht sicher, wofür ich sie brauchen werde,
aber ich schlage zu. Die Stoffe werden gewaschen, gebügelt
und ordentlich verpackt bei Seite gelegt. Ich stelle fest. Es ist
Ende März, Stoffe für Onkel Hermann habe ich noch nicht.
Auch für Tante Grete habe ich noch nicht genäht. Ich habe ja
noch Zeit.

April

Es ist Anfang April. In der letzten Patchworkzeitung von März,
stand doch eine Ausstellung ausgeschrieben. Die will ich
besuchen. Ich habe sie sogar schon eingetragen. Nebenbei
finde ich den Hinweis: Nadelkissen, Untersetzer und
Platzdeckchen für den Quip – Day im Juni vorbereiten. Also
begebe ich mich an die Arbeit und besuche die Ausstellung.
Ich stelle fest: Es ist Ende April, Stoffe für Onkel Hermann
habe ich noch nicht. Auch für Tante Grete habe ich noch nicht
genäht. Ich habe ja noch Zeit.

Mai

Es ist Anfang Mai. Im Kalender steht: Vorbereitungen
für die Patchworktage treffen. Welches Material
benötige ich für die gebuchten Kurse? Ich kaufe alles
ein, packe meine Kurstasche. Besuch der
Patchworktage. Vollgestopft mit vielen Ideen komme
ich zurück. Lege mein bisheriges Projekt beiseite und
fange an, alles noch einmal nachzuarbeiten, was ich in
den Kursen gelernt habe, um es nicht gleich wieder zu
vergessen. So ist der Mai vorbei. Ich stelle fest: Es ist
Ende Mai, Stoffe für Onkel Hermann habe ich immer
noch nicht. Auch für Tante Grete habe ich noch nicht
genäht. Ich habe ja noch Zeit.

Juni

Es ist Anfang Juni. Die Flyer für den Quip – Day müssen
verteilt werden. Die Kisten werden noch einmal
kontrolliert. Ist auch alles dabei. Welche Quilts nehme
ich mit? Dann ist der Quip – Day vorbei. Ich brauche
eine Pause, außer Stichelei am Abend passiert nicht
viel. Ich stelle fest: Es ist Ende Juni, Stoffe für Onkel
Hermann habe ich immer noch nicht. Auch für Tante
Grete habe ich immer noch nicht genäht. Ich habe ja
noch Zeit.

Juli bis Anfang September

Das einzig Erwähnenswerte in dieser Zeit ist eine einzelne Färbeaktion. Um unter Stoff zu sitzen, ist es zu warm. Also bleibt die Nähmaschine kalt. Das Wetter ist zu schön, um es nicht zu genießen. Der Jahresurlaub steht an. Dann sind die Monate vorbei. Ich stelle fest: Es ist Anfang September, Stoffe für Onkel Hermann habe ich immer noch nicht. Auch für Tante Grete habe ich noch nicht genäht. Ich habe ja noch ein wenig Zeit.

September

Es ist mittlerweile Mitte September. Nach längerer Zeit setze ich mich wieder an meine Nähmaschine. Was will ich arbeiten? Ach ja, da liegt ja noch ein Projekt auf Halde. Das will ich fertigstellen, bevor die Arbeit für die Weihnachtszeit ansteht. Ich stelle fest: Es ist Ende September, Stoffe für Onkel Hermann habe ich immer noch nicht. Auch für Tante Grete habe ich noch nicht genäht. Ich habe nur noch wenig Zeit.

Oktober

Es ist Anfang Oktober. Um noch etwas Neues zu beginnen, ist zu wenig Zeit. Ab Anfang November wird für Weihnachten gearbeitet. Ich arbeite noch ein wenig an unfertigen Projekten .Hier ein bisschen, da ein bisschen, so wie es gerade passt. So geht der Oktober vorbei. Ich stelle fest: Es ist Ende Oktober, Stoffe für Onkel Hermann habe ich immer noch nicht. Auch für Tante Grete habe ich noch nicht genäht. Ich muss es in die Arbeit für Weihnachten mit einbinden, sonst schaffe ich es nicht mehr.

November

Es ist Anfang November. Mir fehlen noch Weihnachtskarten. Der Adventkalender ist noch nicht fertig und für den Benefizweihnachtsmarkt Anfang Dezember wollte ich noch ein paar Wandbehänge 20cm mal 20cm Nikoläuse und Tannenbäume in Paperpiercing vorbereiten. Also auf geht`s. Es wird geschnitten und vorbereitet, damit es später schneller geht. Mitte November sind die Grußkarten und Wandbehänge fertig. Der Adventkalender fehlt noch. Auch der ist bis Ende November fertig. Die Adventszeit kann kommen. Ich stelle fest: Es ist Ende November, Stoffe für

Onkel Hermann habe ich immer noch nicht. Auch für Tante Grete habe ich noch nicht genäht. Eine gewisse Unruhe droht mich zu überfallen. Doch dafür habe ich jetzt keine Zeit. Wir werden sehen, was noch geht.

Dezember

Es ist Anfang Dezember. Die Weihnachtsgeschenke müssen her, die Wohnung noch mit letztem Schmuck versehen werden. Für die engste Familie steht schon alles fest. Da tauchen die Namen von Tante Grete und Onkel Hermann wieder auf. Au Backe. Rien ne va plus, nichts geht mehr. Ich habe weder den Quilt für Tante Grete, noch die Teile für Onkel Hermann fertig. Mich plagt das schlechte Gewissen. Ich stelle fest es ist zu spät um jetzt noch etwas fertig zu bekommen. Ein paar Platzdeckchen mit passenden Tassenuntersetzern und eine kleine Kniedecke, die auf Halde liegen, müssen herhalten, für dieses Jahr.

Es ist der Abend des 27.12. Es ist 20.15 Uhr und im Fernsehen läuft die, ich weiß nicht wievielte Wiederholung des Weihnachtsfilms. Ich will mich berieseln lassen. Zur Ruhe kommen. Weihnachten ist vorbei. Um etwas Einfaches zu arbeiten, sticke ich an einem kleinen Deckchen. Da fällt mir ein, was ich schon wieder nicht geschafft habe. Die Kissen und den Sitzbezug für Onkel Hermann und den Quilt für Tante

Grete. Das war doch im letzten Jahr schon so. Die
Entscheidung steht fest:

Im nächsten Jahr wird alles anders

Januar

Es ist der Nachmittag des ersten Januar, 16.00 Uhr. Jetzt lege
ich los, mit dem Quilt für Tante Grete. Ich nehme den Stoff
aus dem Regal, lege ihn auf den Schneidetisch. Da entdecke
ich eine Anleitung für die Kurstasche, die ich doch so dringend
brauche. Ich nehme die Anleitung zur Hand und alle guten
Vorsätze sind dahin.

Alle Jahre wieder

Der Vorsatz, der ist fest im Blick,

weiche dieses Jahr auch nicht zurück.

Doch erstens kommt es anders

Und zweitens, als man denkt.

Hat mich doch schon wieder

Eine Anleitung abgelenkt.

Geschnitten ist.....

Durch den Wolf gedreht

Die Sticknad(d)el, die Zwillingsnad(d)el der Nähnad(d)el hatte zum Quiltfest geladen. Alle ihre Freundinnen und Freunde erschienen. Sogar die Dear Jane, war extra aus Baltimore angereist. In ihrer Begleitung war auch ein Quilter, der Roll(f) Schneider. Zur Zufriedenheit der Sticknad(d)el, stellten alle Gäste begeistert fest, dass die Feier in einem Blockhaus stattfand, das auch noch den Namen Lighthouse trug. Zu der doch sehr unterschiedlichen Musik, legte der Roll(f) Schneider eine flotte Sohle aufs Paneel. Zunächst tanzte er mit der Dear Jane einen Sticktwist und danach mit der Nähnad(d)el einen Courthouse Step. Sie tanzten so heftig das dem Roll(f) Schneider das Binding vom Bein hing. Dabei trat die Nähnad(d)el dem Roll(f) Schneider so heftig auf den Nähfuß, das dieser daraufhin in voller Breite schmerzte. Dies führte wiederum dazu, das der Roll(f) Schneider noch eine Solo(vlies)einlage tanzte. Dieser Tanz erinnerte jedoch eher an Storm at sea, als an etwas anderes.

Just in diesem Moment betrat ein Schrägstreifenform(i)er(ter) die Feier. Als er den Roll(f) Schneider so tanzen sah, bestand er darauf, sofort den Stoff zu sehen, auf den wohl alle so abfahren. Die Gäste versicherten dem Schrägsteifenform(i)er(ten) etwas zu vorschnell, dass sie keinen Stoff bei sich hätten. Daraufhin war sich der Schrägsteifenform(i)er(te) sofort sicher. An einem Ort, an dem so viele Süchtige versammelt sind, die alle an der Nadel hängen und dauernd neuen Stoff brauchten, müsse doch auch welcher zu finden sein.

Die Zwillingsnad(d)eln brachten den Schrägstreifenform(i)er(ten) bereitwillig zum nahe gelegenen Grand Mothers Flowergarden, wo er schließlich auf (den) Martha Washington (den) Star der Lincoln`s Plattform traf. Diese zeigt ihm bereitwillig den Lone Star. Sie blieben alle beim Birth House stehen, als eine Honey Bee versuchte, dieses zu erklimmen.

Davon abgelenkt verpassten sie dann das Erscheinen des Morning Star. Zurück zum Fest gingen sie über die Country Roads, die die Cross Roads trafen. Beim Double Cross bogen sie dann ab und begegneten dem Jinx Star, der eine Bonkey Wrench in der Hand hielt.

Die Ananas Block die am Wegesrand stand wies ihnen den Weg zurück zum Fest über die Jacob`s Ladder. Wieder beim Fest angekommen, hörten sie, wie Jack in the box spielte. Nach einer Weile erschien dann auch noch die Diva Creativa auf dem Fest. Der Schrägstreifen form(i)er(te) hatte sie sofort fest im Blick, so wie alle anderen Gäste auch. Die Paper Piercings der Diva Creativa waren aber auch auffällig. Das störte die Mola doch sehr, weil sie die Aufmerksamkeit der anderen verlor, während sie unablässig von ihrer Mutter sprach. Die Mola sah erst wieder zufriedener aus, als der Schrägstreifenform(i)er(te) die Div Creativa nach ihren Motiven befragte. Diese zeigte ihm ihre Paper Pinwheels und ein paar Bow Tie. Der Schrägsteifenform(i)er(te) zog ihr ein(en) Bügel (vom) Eisen und bat sie an den Schneidetisch, um ihre Spitzen zu begradigen. Da rief die Dear Jane zum Spätimbiß. Es gab einen Hot Dish. Nachdem die Feier noch weiter vorangeschritten war und schließlich ihr Ende fand, verabschiedete die Sticknad(d)el ihre Gäste und entließ sie mit all den Eindrücken auf den Drunken`s Path.

Danksagung

Wie bedankt man sich bei all den Menschen, die mehr als oft, bereit waren mir ein Ohr zu leihen.

Am Anfang steht wie immer die Idee.

Am Ende wird dann das Ergebnis sichtbar.

Es ist wie beim Patchen.

Und dazwischen?

Dazwischen waren die Menschen, die mit unendlichem Langmut zugehört haben, wenn wieder eine Idee, für einen Reim oder eine Geschichte, geboren wurde.

Bis zur Fertigstellung haben sie alle Veränderungen angehört und oder gelesen.

Mit ihren Anregungen haben sie mir, bewusst und auch unbewusst, geholfen die Reime und Geschichten zu vollenden.

Hierfür einfach nur: *DANKE.*

Andreas Tonder wurde 1966 in Krefeld geboren. Er ist seit 26 Jahren in der Krankenpflege tätig. 2009 wurde er Mitglied der Patchworkgilde Deutschland e.V. Andreas Tonder arbeitet, lebt und patcht in Recklinghausen. Seit 2010 organisiert er als Teil des Quilt - Duo regelmäßig den Quip-Day in Recklinghausen.

„Für die kleine Nähpause", ist sein unbedarftes Erstlingswerk.

Bitte teilt mir unter quilt-duo(at)gmx.de mit, wie euch das Buch gefallen hat.